Doug Fields

[Aus]**Zeit.**

Kleine Ruhe-Inseln im Alltag entdecken

Über den Autor

Doug Fields ist Jugendpastor in der *Saddleback Community Church* in Kalifornien. Er hat bereits über 50 Bücher verfasst bzw. als Koautor mitgeschrieben. Doug ist verheiratet mit Cathy, mit der er drei Kinder hat.

Doug Fields

[Aus]Zeit.

Kleine **Ruhe-Inseln**
im Alltag entdecken

GerthMedien

FSC
Mix
Produktgruppe aus vorbildlich bewirtschafteten Wäldern und anderen kontrollierten Herkünften

Zert.-Nr. SGS-COC-1940
www.fsc.org

Verlagsgruppe Random House FSC-DEU-0100
Das FSC-zertifizierte Papier *München Super* für dieses Buch liefert Mochenwangen.

Die amerikanische Originalausgabe erschien im Verlag Thomas Nelson unter dem Titel „Refuel. An uncomplicated guide to connecting with God“.

Aus dem Englischen übersetzt von Antje Balters.

1. Auflage 2009
Best.-Nr. 816 441
ISBN 978-3-86591-441-5

Umschlaggestaltung: Immanuel Grapentin
Satz: Die Feder GmbH, Wetzlar
Druck und Verarbeitung: CPI Moravia

[Inhalt]

Kapitel 1

[Ich bin ein geistlicher Loser]

Nur eine Woche, nachdem mein sechzehn Jahre alter Sohn seinen Führerschein gemacht hatte*, kam er ziemlich frustriert zu mir. Für einen Teenager, der absolut begeistert darüber war, endlich den Führerschein in der Tasche zu haben, war es außerordentlich ungewöhnlich, dass er so „down“ war. Er sagte: „Papa, ich muss mit dir über mein Auto reden.“

Ich dachte natürlich sofort, dass es um ein Knöllchen für Geschwindigkeitsüberschreitung ging oder um eine Beule im Kotflügel oder sonst etwas, das ihm Kopfschmerzen bereitete und mich Geld kosten würde. Dabei bestand die Ursache seiner Niedergeschlagenheit lediglich darin, dass er außer der Reihe Geld brauchte – um tanken zu können. Seine wöchentliche Benzingeldration hatte nämlich exakt für zweieinhalb Tage gereicht und jetzt war der Tank leer. Er war völlig schockiert darüber, wie wenige Kilometer er mit einer Tankfüllung fahren konnte. Depri-

* in den USA kann man bereits mit 16 Jahren den Führerschein erwerben

miert sagte er: „Das habe ich total falsch eingeschätzt. Ich hätte ja nie gedacht, dass der Sprit so schnell alle ist."

Zu behaupten, sein Auto gehöre nicht unbedingt zu den Sparmodellen, wäre noch grob untertrieben. Seine große Schwester hat ihn mit dem alten Schätzchen „beglückt", als sie zum Studium weggezogen ist. Der sechzehn Jahre alte Cody Fields, Schüler und vielversprechende Sportskanone, fährt jetzt also einen Buick LaSabre. Wenn Sie dieses Modell nicht kennen, dann denken Sie jetzt einfach an einen Panzer und stellen sich den dann noch in der Farbe weinrot, mit reichlich Aufklebern versehen, einigen kleinen Beulen und Dellen und zwei fehlenden Radkappen vor. Cody ist zwar nicht wirklich begeistert von dem Wagen, aber er ist schlau genug, sich nicht darüber zu beschweren, weil er weiß, dass dann automatisch Papas Predigt Nummer 319 ausgelöst werden würde – das ist die über Dankbarkeit.

In der Zeit, als Cody fahren lernte, war er es gewohnt, sich einfach in unsere Familienkutsche zu setzen und nach der Fahrt wieder auszusteigen, ohne auch nur einen einzigen Gedanken an Sprit und Tanken zu verschwenden. Für sein unbekümmertes jugendliches Denken stellte sich die Frage gar nicht, ob der Tank gefüllt war, denn für ihn war das eine Selbstverständlichkeit. Er hatte zwar gelernt, wie man an der Tankstelle den Tank befüllt, allerdings nie eine gedankliche Verbindung dazu hergestellt, was der Benzinpreis einmal mit seinem eigenen Portemonnaie zu tun haben könnte und was passiert, wenn die Tankanzeige dann völlig unerwartet und überdies viel zu früh gähnende Leere vermeldet. Mein Sohn war mit Sicherheit nicht der erste Fahranfänger, der sich eingestehen musste: „Ich hatte ja keine Ahnung, wie schnell so ein Tank leer ist."

Codys Problem weist gewisse Parallelen zum Lebensgefühl vieler Menschen auf, die Jesus nachfolgen: Ihr geistlicher Tank ist leer, sie müssten eigentlich unbedingt geistlich auftanken, wissen aber nicht genau, wie sie das anstellen sollen.

Im Unterschied zu einem Auto können Menschen, die Jesus nachfolgen, allerdings geistlich völlig leer und ausgebrannt sein, äußerlich aber den Anschein erwecken, als wäre alles in bester Ordnung. Ich kann beispielsweise *so tun,* als ob alles in Ordnung ist, ohne meine innere Leere einzugestehen oder anderen mitzuteilen, dass ich dringend auftanken müsste, oder sie vielleicht sogar um Hilfe dafür zu bitten. Es ist relativ einfach, so zu leben, *als wäre* mein geistlicher Tank voll. Ich mache ganz einfach weiter wie immer. Zugegeben, das ist geistlich nicht gerade gesund und besonders zuträglich, aber es ist relativ einfach, es so zu handhaben. Sie können das auch. Es ist sogar ziemlich wahrscheinlich, dass Tausende von Menschen, die Jesus nachfolgen, genau das tun, wenn sie sich geistlich leer fühlen. Ich möchte das ändern! Und ich habe die Hoffnung, dass Sie das auch möchten.

Mir persönlich ist sehr bewusst, dass ich geistlich leer werde und am Ende ausbrenne, wenn ich nicht regelmäßig mit Gott in Kontakt bin. Genau wie mein Sohn es mit dem

Auto erlebt hat, bewegt sich auch mein geistliches Leben schneller gegen null, als ich gedacht hätte. Und wenn ich geistlich leer bin, dann gerät mein Leben ins Stottern. Alles fühlt sich irgendwie anders an. Und zwar nicht gut anders, sondern schlecht anders. Wenn ich geistlich leer bin, dann bin ich oberflächlich, verwirrt und ängstlich. Ich kann so tun, als wäre ich erfüllt, und andere dadurch täuschen, aber mir selbst ist meine Leere unangenehm bewusst. Es gibt bei mir ein paar unverkennbare Signale und Anzeichen dafür, dass die Tankanzeige rot aufleuchtet.

[•] Ich bin egoistischer in Bezug auf meine Zeit.

[•] Ich bin ungeduldig.

[•] Ich habe weniger Mitgefühl mit Menschen, denen es nicht gut geht.

[•] Ich bin anfälliger für Versuchungen.

[•] Ich fange an, mich so zu verhalten, als stünden mir bestimmte Dinge zu, und werde fordernd.

[•] Ich bin kurz angebunden mit Menschen.

[•] Ich habe das Gefühl, dass Gott ganz weit weg ist.

[•] Ich werde ironisch.

[•] Es fällt mir schwerer, gute Entscheidungen zu treffen.

[•] Meine Unsicherheit nimmt zu; ich fange an, von anderen Menschen zu erwarten, dass sie meine inneren Leerräume füllen, von denen ich eigentlich weiß, dass nur Gott sie füllen kann.

[•] Ich werde überkritisch – sowohl in meinem Reden als auch im Denken.

Und das ist nur ein kleiner Auszug aus der Gesamtliste (schließlich ist das hier ja auch ein kurzes Buch). Mir ist klar, dass das alles keine positiven Eigenschaften sind. Ich weiß, dass es nicht das ist, was Jesus gemeint hat, als er mich dazu berufen hat, *Licht der Welt* zu sein (siehe Matthäus 5,14). Ich könnte es sogar verstehen, wenn Sie jetzt das Buch zuschlagen und denken würden: „Ach du liebe Güte, ich dachte, ich lese ein Buch von einem christlichen Autor." Aber ich bin ziemlich sicher, dass Sie nicht aufhören werden zu lesen, denn wahrscheinlich hat Ihre Liste ziemlich viel Ähnlichkeit mit meiner.

Habe ich recht? Haben Sie sich schon mal Gedanken darüber gemacht, wie es Ihnen geht, wenn Sie geistlich leer sind? Oder fast leer? Wenn nicht, dann kann das eine großartige Übung sein, und ich möchte Ihnen wirklich Mut machen, es einmal zu tun. Sie verstehen dann nämlich die Gründe für Ihr eigenes Verhalten in bestimmten Situationen besser.

Zum Beispiel könnte es ja sein, dass Sie in Ihrem Leben ein Übermaß an Zorn feststellen, und Ihnen ist gar nicht klar, dass das mit Ihrer geistlichen Leere zusammenhängt. Wenn Sie ganz gegen Ihre sonstige Gewohnheit plötzlich Ihre Kinder anschnauzen, wenn Sie weniger Geduld mit Ihren Arbeitskollegen haben oder beim Autofahren eigentlich ununterbrochen die Hand auf der Hupe haben, wenn plötzlich jeder, der sich auf der Straße befindet, ein Idiot ist und Sie selbst demnächst zur Wahl des besten Autofahrers der Welt stehen – jawoll! – wissen Sie, was dann gerade los ist? Ja – dann sind Sie geistlich leer.

Vielleicht äußert sich Ihre Leere auch in einer unbändigen Leidenschaft fürs Essen. Es wird Abend und sie wühlen in Schränken und Schubladen nach süßen oder salzigen Leckereien. Und wenn Sie dann gerade die Hälfte einer Jumbo-Familienpackung Eis intus haben, wird Ihnen plötzlich klar, dass Sie nicht essen, weil Sie Hunger haben, sondern aus Langeweile, weil Sie müde sind, weil Sie sich ärgern, weil Sie gestresst sind, ängstlich, verletzt, sich Sorgen machen oder weil Sie verzweifelt sind. Noch einmal – Sie sind geistlich leer.

Oder vielleicht sind Sie auch eher der Typ, der shoppen geht, wenn er leer ist. In Ihrem Portemonnaie befindet sich zwar kein Bargeld, aber jede Menge Kreditkarten! Drei Stunden, sechs Geschäfte und fünfhundert Euro später erleben Sie einen Konsumkick, aber innerlich fühlen Sie sich genauso öde wie zu dem Zeitpunkt, als Sie ihre kleine Shoppingtour gestartet haben. Leer.

Wie auch immer die Symptome bei Ihnen aussehen mögen, jeder, der versucht, nach dem Willen Gottes zu leben, erlebt hin und wieder geistliche Leere. Ich habe so viele Freunde, die auch Christen sind und zugeben, dass der Druck des ganz normalen Alltags anfängt, richtig wehzutun, wenn sie geistlich leer werden. Können Sie das nachempfinden?

Irgendwann hatte ich diese geistliche Leere so oft durchlebt, dass ich den Entschluss traf, radikale Schritte zu unternehmen. Ich ging damit an die Öffentlichkeit. Ich gab es zu. Zuerst gestand ich meine Leere engen Freunden ein. Und zu meiner großen Überraschung konnten sich viele von ihnen damit leidenschaftlich identifizieren. Das haute mich wirklich um! Ich hatte immer gedacht, ich wäre mit dieser Leere ganz allein. Und dann fing ich an, nicht nur darüber zu reden, sondern auch darüber zu predigen. Als ich ehrlich wurde – und vor allem auch offen in Bezug auf das Problem der geistlichen Leere –, da stellte ich fest, dass die meisten Leute darüber reden wollten. Und jetzt schreibe ich darüber ein Buch, weil ich weiß, dass die meisten Christen sich darin wiederfinden.

Nebenbei bemerkt ist dieses Buch nicht speziell für frisch bekehrte Christen gedacht. Ich glaube zwar, dass es für frischgebackene Christen sehr hilfreich sein kann, aber eigentlich ist es für jeden gedacht, der mehr aus seiner Beziehung zu Gott machen möchte. Möchten Sie sich geistlich verändern? Möchten Sie mehr von Gott und weniger von sich selbst erfüllt sein? Wenn ja, dann ist es mir eine

Freude, Ihnen dabei behilflich zu sein, regelmäßig mit Gott in Verbindung zu treten, und zwar unkompliziert und ohne dass sich Schuldgefühle einstellen.

Ihr Leben wird so viel reicher sein, wenn Ihr geistlicher Tank voll ist, und es besteht wirklich Grund zur Hoffnung, dass es so wird! Ja, sie können lernen, stetig Ihren geistlichen Tank wieder aufzufüllen und dadurch die Fülle zu erleben, die Gott Ihnen zugesagt hat. Glauben Sie mir: Ihr geistlicher Tank braucht nicht mehr leer zu werden.

[Unrealistische Erwartungen – eine Realität]

Wenn Sie ein gewisses Maß an Zeit in Ihrer Gemeinde verbringen, dann liegt die Vermutung nahe, dass Sie die eine oder andere Predigt (oder auch zweihundert) darüber gehört haben, wie wichtig es ist, regelmäßig mit Gott in Verbindung zu sein. Wir Pastoren bezeichnen das oft als „stille Zeit“ oder „Andacht“ oder einfach nur als „Stille“. Normalerweise predigen wir dann über ein paar Grundelemente dieser „stillen Zeit“, zu denen unter anderem tägliches Bibellesen und Gebet gehören. Unsere Predigten über dieses Thema werden ergänzt durch entsprechende Aussagen in christlichen Büchern und Zeitschriften, in denen Menschen, die Jesus nachfolgen, ebenfalls dazu ermutigt werden, geistliche Gewohnheiten zu entwickeln und diese dann auch in Regelmäßigkeit beizubehalten.

Unzählige Christen versuchen sich in diesen geistlichen Grundübungen, um geistlich erfüllt zu bleiben. Sie kaufen Studienbibeln, Andachtsbücher und lesen die Jahresbibel. Sie stellen ihren Wecker zuversichtlich früher, um vor der Arbeit noch „stille Zeit" halten zu können. Sie schlagen ihre Bibel auf und dann die Augen, und dann versuchen sie, freudig das Wort Gottes zu studieren. Und dabei denken sie die ganze Zeit: *Ich lese jetzt in dieser ... Bibel – und wenn es mich umbringt.* Und das tut es auch fast. Kommt Ihnen das nicht wenigstens ein bisschen bekannt vor? Es könnte beispielsweise so aussehen:

[Tag 1]

Sie schaffen es. Sie haken ab, dass Sie in der Bibel gelesen und gebetet haben. Weiter so!

[Tag 2]

Sie schaffen es wieder. Gut gemacht! Mit Gott in Verbindung zu bleiben, ist gar nicht so einfach, oder?

[Tag 3]

Sie möchten es ja gern schaffen, aber Sie sind so müde, dass Sie beschließen, heute eben irgendwann später „stille

Zeit“ zu halten ... aber das tun Sie nicht. Es war schließlich ein langer Tag und jetzt kommt gerade Ihre Lieblingsserie im Fernsehen.

[Tag 4]

Heute ist Sonntag, also gönnen Sie sich einen freien Tag, weil ja der Gottesdienst nachher im Grunde nichts anderes ist als eine ausgedehnte „stille Zeit“, in der Sie geistlich wieder neu gefüllt werden. Morgen früh machen Sie dann ganz bestimmt mit Ihrer neuen geistlichen Übung weiter.

[Tag 5]

Montag. Zu müde nach einem langen Wochenende. Sie brauchen noch ein bisschen Schlaf. Drücken bei Ihrem Wecker auf die Schlummer-Taste. Sie haben zwar ein schlechtes Gewissen dabei, aber Ihre Müdigkeit ist noch stärker als das schlechte Gewissen.

[Tag 6]

Und alle folgenden Tage: Im Laufe der nächsten Woche erleben Sie ein paar Erfolge, aber noch mehr Niederlagen. Sie bekommen Schuldgefühle, weil Sie nicht so diszipliniert sind, wie Sie es gern wären. Selbst wenn Sie es schaffen, mit Gott zu reden, sind Sie müde und unkonzentriert und mit den Gedanken ganz woanders. Es fühlt sich irgendwie gezwungen an, es ist eher eine Pflicht als ein Bedürfnis oder gar eine Sehnsucht. Sie erledigen die Sache zwar, aber ehrlich gesagt in erster Linie, um sie dann abhaken zu können, weil es Sie sonst den ganzen Tag verfolgt, dass Sie diesen Punkt auf Ihrer Liste nicht erledigt haben.

Schon bald hören Sie mit dieser allmorgendlichen „Gewohnheit" auf (und wissen dabei noch nicht einmal, ob sie die Bezeichnung „Gewohnheit" überhaupt verdient hat, weil Sie nicht lange genug durchgehalten haben). Sie hören nicht damit auf, weil Sie es nicht wollen oder keine Lust dazu haben. Sie hören auch nicht aus lauter Frust damit auf. Sie hören einfach ganz heimlich, still und leise damit auf.

Wenn Sie sich in dieser Beschreibung wiedererkennen, dann sind Sie nicht allein. Wahrscheinlich gehören Sie sogar eher zu einer Mehrheit unter den Christen. Ihr Problem besteht nicht darin, dass Sie es nicht ernsthaft genug wollen. Sie haben sehr wohl das Verlangen, Gott nahe zu sein. Sie möchten, dass Ihr Herz erfüllt ist. Sie möchten Gott gern intensiver kennenlernen und Sie wünschen sich eine noch innigere Verbindung zu ihm. Also wo ist dann das Problem?

Ich glaube, das Problem sind die unrealistischen Erwartungen. Sie haben Ja gesagt zu einem unvernünftigen Tempo und einem unrealistischen Plan. Sie haben gar nicht die Möglichkeit gehabt herauszufinden, wie Sie das alles in Ihren derzeitigen Alltag integrieren und alles unter einen Hut bringen sollen. Die gute Gewohnheit, die Sie zu entwickeln versucht haben, ist auf diese Weise für Sie nicht durchzuhalten. Es hat bei Ihnen einfach nicht funktioniert. Und auch hier gilt wieder: Damit sind Sie ganz sicher nicht allein.

Ich kenne dieses Gefühl, versagt zu haben, nur allzu gut. Ich habe wirklich den intensiven Wunsch, Gott kennenzulernen. Ich versuche es mit der „Jahresbibel" seit ... äh, also ich weiß gar nicht ... seit zwanzig Jahren. Ich gebe es zwar nur ungern zu, aber an diesem Plan scheitere ich immer. Immer! Ich habe das erste Buch Mose öfter gelesen als jeder Mensch auf diesem Planeten. Ich fange fest entschlossen und hoch motiviert im Januar an, aber weil ich jeden Tag drei Kapitel lesen muss, um im Plan zu bleiben, bin ich bis Mitte Februar schon so hoffnungslos in Rückstand geraten, dass ich nun versuchen muss, das dritte Buch Mose in einem Rutsch durchzulesen, um wieder Anschluss zu bekommen (und das ist so gut wie unmöglich – zumindest, wenn ich das, was ich lese, auch verstehen will). Ich habe wirklich den Wunsch, Zeit mit Gott zu verbringen, aber diese spezielle Vorgehensweise kann ich einfach nicht durchhalten.

Warum ist es so schwierig, mit Gott in Verbindung zu treten? Es fühlt sich an wie bei einer Diät, die man jeden Montag wieder neu anfängt. Mit den allerbesten Absichten macht man sich an die zehn überflüssigen Pfunde, aber es ändert sich nie etwas.

Laut Untersuchungen der Barna Group hält nur die Hälfte aller erwachsenen Christen regelmäßig „stille Zeit" – und selbst diese Hälfte tritt nur etwa einmal in der Woche mit Gott in Kontakt.

Und wenn ich von meinen Erfahrungen ausgehe – und dem, was ich in den letzten zwanzig Jahren als Pastor in Gesprächen mit anderen Christen so erfahren habe –, dann würde ich wetten, dass sogar noch weniger Christen regelmäßig mit Gott in Kontakt treten, als die besagten Zahlen zum Ausdruck bringen.

[Wunsch und Wirklichkeit = Schuldgefühle]

Das Problem besteht ganz selten darin, dass Christen nicht den Wunsch haben, Gott nahe zu sein. Die meisten Christen möchten das gern regelmäßig – zumindest möchten sie die positiven Auswirkungen eines intensiveren geistlichen Lebens erfahren, die sich ja aus einem solchen regelmäßigen Kontakt ergeben. Wenn es aber dann darum geht, den Wunsch in die Tat umzusetzen, und wenn dann dafür auch noch etwas Disziplin nötig ist, dann schaffen es die meisten nicht. Und dann kommen die Schuldgefühle.

Diese Schuldgefühle können vernichtend sein. Wunderbare Männer und Frauen (wie Sie) humpeln durch ihr Leben als Christen und sind schwer geschädigt von permanenten Schuldgefühlen. Sieben Tage die Woche, vierundzwanzig Stunden am Tag. Sie haben Schuldgefühle, weil sie nicht beten; Schuldgefühle, weil sie nicht in der Bibel lesen; Schuldgefühle, weil sie ihren Glauben anderen Menschen nicht bezeugen; Schuldgefühle, weil sie nicht genug Zeit in ihren Weg mit Gott investieren.

Wenn Sie von Schuldgefühlen beherrscht sind, dann tut mir das sehr leid. Bitte lassen Sie mich Ihnen dabei helfen zu erkennen, dass Sie nicht etwa ein mieser Christ sind, nur weil Sie nicht die traditionelle „stille Zeit" halten. Christsein hat nichts mit Ketten und Fesseln zu tun. Jesus ist gekommen, um uns zu befreien. Klar kann es sein, dass Gott manchmal unser schlechtes Gewissen gebraucht, um uns zu motivieren. Aber viel zu viele Christen laufen nur noch geduckt in der Gegend herum, weil falsche Schuldgefühle schwer auf ihren Schultern lasten. Diese Art von Schuldgefühlen drücken Sie nieder und machen Sie fertig, sonst nichts. Wenn Sie Schuldgefühle haben, weil Sie sich an einem unrealistischen Vorbild oder an einer nicht authentischen Person orientieren, dann ist das nicht nur falsch, sondern auch unfair.

Vergleichen ist immer tödlich. Es passiert dabei nämlich allzu leicht, dass wir uns neben jemanden stellen, von dem wir nur *glauben*, dass er geistlich alles auf die Reihe bekommt. Wenn das der Fall ist, machen wir uns ständig innerlich Notizen darüber, ob wir auch mithalten können. Wir vergleichen das, was wir über uns wissen (alles), mit dem, was wir in Wirklichkeit über andere nicht wissen (auch fast alles). Die Methode eines derartigen Vergleichens geht nämlich meistens davon aus, dass andere tun, was man selbst nicht tut.

Wir alle haben schon reichlich Geschichten über geistliche Persönlichkeiten wie beispielsweise Martin Luther gehört, mit denen uns klarzumachen versucht wurde, dass wir nicht gut genug sind. Martin Luther wachte jeden Morgen um vier Uhr auf und verbrachte dann Stunden mit Gott. Eines der berühmtesten Zitate von ihm lautet: „Ich habe heute so viel zu tun, dass ich die ersten drei Stunden des Tages mit Beten verbringen muss." Ich staune wirklich darüber, dass Martin das so durchziehen konnte. Ich dagegen bin leider kein Morgenmensch. Ich wusste nicht einmal, dass es die Uhrzeit „vier Uhr morgens" überhaupt gibt ... bis ich dieses Zitat gelesen habe.

Oder nehmen wir die Geschichte von Mutter Teresa, die einmal gesagt hat: „Verbringe eine Stunde am Tag mit Anbetung, und tue nie etwas, von dem du weißt, dass es falsch ist, dann wird es dir gut gehen." Richtig! Ich würde allerdings viel lieber etwas darüber hören, wie sie ihre Bibel nicht wiederfinden konnte, weil sie zwei Wochen lang nicht darin gelesen hatte. So ein Zitat, das würde mir gefallen! Dann würde ich sagen: „Amen! Erzähl uns noch eine Geschichte, wie du es nicht gepackt hast, damit ich mich nicht wie ein geistlicher Loser fühlen muss!" Na ja, aber es sind ja immer nur die Großartigen, die ganz Tollen, die zitiert werden oder die in Predigten vorkommen.

Meine lieben Brüder und Schwestern in Christus – und lesen Sie das jetzt sehr, sehr sorgfältig –, es gibt einen guten

Grund, weshalb Mutter Teresa und Martin Luther wegen ihres Glaubens anerkannt und geachtet waren: Die eine verbrachte vierzig Jahre in Kalkutta in den Elendsvierteln unter den Ärmsten der Armen und bekam dafür den Friedensnobelpreis; der andere stellte das gesamte Christentum auf den Kopf. Ihre phänomenal konzentrierte, demütige Hingabe an Gott hat sie großgemacht.

Wenn Sie auch nur *irgendetwas* so machen wie ich, dann sind Sie in beinahe *keinerlei* Weise so wie diese beiden. An den meisten Tagen fühle ich mich eher wie ein Loser unter den Losern als wie Mutter Teresa. Ich könnte Kalkutta nicht einmal auf der Landkarte finden. Im Vergleich zu diesen Glaubenshelden sehen Sie und ich wahrscheinlich doch ziemlich mickrig aus. Wir sind ganz normale Menschen, die ein ganz normales Leben führen: Wir sind Familienmanagerinnen, die mit Terminen jonglieren müssen, um alles unter einen Hut zu bekommen; Geschäftsleute, die Karriere und Familie kompatibel machen müssen; wir sind Studenten, die nach neuen Studienordnungen Mühe haben, Vorlesungen, Hausarbeiten und Arbeitsgruppen in einen Terminplan zu stopfen; wir sind frischgebackene Eltern, die versuchen herauszufinden, wie sie die Kinder möglichst schnell ins Bett kriegen, um auch selbst noch ein klitzekleines bisschen Ruhe zu bekommen; wir sind Großeltern, die sich aktiv um Familie und verschiedenste Ehrenämter kümmern.

Bitte hören Sie auf, sich zu vergleichen. Sie sind nicht Mutter Teresa oder Martin Luther. Und ich bin es auch nicht. Sie sind Sie! Sie haben den Auftrag, im Glauben und durch den Glauben der Mensch zu werden, der Sie nach Gottes Vorstellungen sein sollten, und Sie können lernen, auf realistische Weise geistlich aufzutanken – auf eine Weise, die zu Ihnen passt und zu der Art, wie Sie „ticken"!

Kapitel 2

[Die schwere Last ablegen]

Eine gängige Klage, die ich von Christen immer wieder höre, ist, dass sie meinen, sich richtig anstrengen und sogar ein bisschen quälen zu müssen, um mit Gott Verbindung aufzunehmen. Wenn sie nicht auf diese Weise mit Gott in Kontakt treten, sorgt das beschriebene hausgemachte Schuldgefühl für das Bild von einem enttäuschten Gott.

Jesus konnte es nicht leiden, wenn Menschen mithilfe von Schuldgefühlen sich und anderen Druck machten. Es scheint fast nichts gegeben zu haben, was Jesus so zornig gemacht hat wie die unrealistischen Erwartungen der religiösen Führer. Er hatte klare Worte für solche Leute. Die Pharisäer und Schriftgelehrten demonstrierten gern, wie fromm sie waren, um möglichst viel Beifall und Anerkennung zu bekommen. Auf dem Kopf und an den Unterarmen trugen sie Phylakterien (nein, ich weiß auch nicht, wie das ausgesprochen wird) und auffällige Lederbeutel, in denen sich Pergamentstreifen mit Versen aus dem Alten Testament befanden. Die Quasten an ihren Gebetsschals waren lang und auffällig, damit jeder sie sehen und bewundern konnte. Sie saßen auf Ehrenplätzen und ließen sich gern Rabbi nennen, weil das implizierte, dass sie ernst zu nehmende und wichtige Gelehrte waren. Sie schienen alles zu tun, um einen möglichst guten Eindruck zu machen und in religiösen Dingen gut dazustehen.

Aber Jesus sagte, dass man sich vor ihnen hüten solle, denn sie würden andere mit unmöglichen religiösen Anforderungen niederdrücken. Er sagte Folgendes über sie:

> *Sie bürden den Menschen unerträgliche Lasten auf, doch sie selbst rühren keinen Finger, um diese Lasten zu tragen. Mit allem, was sie tun, stellen sie sich zur Schau.*
>
> Matthäus 23,4–5 (Hfa)

Ich hoffe, dass Sie nicht unter unmöglichen religiösen Anforderungen zusammenbrechen. Ich wünsche Ihnen, dass Sie geistliche Freiheit erleben. Ich möchte die Riemen, mit denen Ihnen Ihre Lasten auf den Rücken geschnallt sind, zerschneiden und zusehen, wie die schweren Steine der Schuldgefühle die Straße hinunterrollen und für immer aus Ihrem Blickfeld verschwinden. Ich wünsche mir, dass Sie sich nicht mehr wie ein geistlicher Loser fühlen.

[Ein abgespaltener Glaube]

Ich beobachte immer wieder, dass Christen, die versuchen, die unrealistischen Erwartungen anderer zu erfüllen, dazu neigen, einen *abgespaltenen* Glauben zu praktizieren. Ein solcher Glaube gleicht einem „Such dir aus, was dir gefällt"-Lebensstil. Jemand, der so lebt, pendelt ständig hin und her zwischen einem christusähnlichen und einem christusfernen Leben. Typisch für solche Menschen ist, dass sie nach dem Willen Gottes leben, wenn sie in der Gemeinde oder mit anderen Christen zusammen sind oder wenn sie gesehen werden. Eine solche Einstellung unterscheidet sich im Grunde nicht von der zur Schau gestellten Frömmigkeit der Pharisäer. Aber hinter geschlossenen Türen, wenn niemand hinschaut, ist alles möglich – da geh ich jede Wette ein.

Apropos wetten: Ein abgespaltener Glaube passt irgendwie zu der berühmten Werbekampagne für Las Vegas. Falls Sie noch nie im Zentrum von Las Vegas gewesen sind, lassen Sie sich sagen: Es ist ein abgedrehter, verrückter Ort (*hüstel* – nach allem, was ich gehört habe). Sogar in den Kapellen in Vegas gilt ein Minimum von zwei Getränken. Der berühmte Slogan einer berühmten Anzeigenkampagne für die Stadt lautet: „Was in Vegas passiert, bleibt auch in Vegas." Überlegen Sie mal, was das bedeutet. Es heißt: Hey, wenn Sie Ihren Ehepartner in Las Vegas betrügen wollen – kein Problem, es bleibt alles hier. Möchten Sie Ihre gesamten Ersparnisse verspielen? Es bleibt in Las Vegas. Sie möchten feiern, bis Sie kotzen? Auch gut, der Geruch wird nie bis zu Ihnen nach Hause gelangen.

Die Folgerung aus diesem Ansatz ist, dass es völlig okay, ja sogar erstrebenswert ist, in Vegas so ganz und gar anders zu leben als zu Hause.

Ein abgespaltener Glaube ist im Grunde das Gleiche: „Was außerhalb der Gemeinde passiert, bleibt auch außerhalb der Gemeinde." Das ist ein schwacher, oberflächlicher und leerer Glaube.

Und so könnte dieser Glaube im real existierenden Leben aussehen: Sie gehen einmal in der Woche zum Gottesdienst und fühlen sich inspiriert. Sie tanken geistlich auf – es ist toll. Sie und Gott sind ganz dicke miteinander. Beim Verlassen der Kirche fühlen Sie sich so gut, dass sie am liebsten Blumen verteilen und Fremde umarmen möchten. Sie steigen in Ihr Auto und fühlen sich glücklich und Sie lassen sogar höflich anderen Autofahrern die Vorfahrt. („Ach, nach dir, Bruder; ich bin gerade so voller Liebe.") Auf dem Heimweg überlegen Sie sogar kurz, ob Sie den Tramper mitnehmen sollen, der an der Straße steht, aber weil er eine Eishockeymaske trägt, lächeln Sie nur und winken stattdessen. Sie kommen zu Hause an, spülen pfeifend das Geschirr und mähen den Rasen des Nachbarn, weil er gerade im Urlaub ist.

Dann kommt der Montag. Sie gehen zur Arbeit, und Sie erfahren, dass Ihr Chef ein großes Projekt zwei Wochen früher als geplant präsentiert haben möchte. Es gibt wieder mal keinen Kaffee im Pausenraum und der Blödmann neben Ihnen im Großraumbüro hat wieder mal Ihren Lieblingskuli geklaut. All die glaubenserfüllten Gefühle von gestern gehen den Bach hinunter. Jetzt ist Game on! Es geht ums nackte Überleben! Was außerhalb der Gemeinde passiert, bleibt auch außerhalb der Gemeinde. Die bösen Gedanken, die in Ihnen aufsteigen, sind real, und Sie möchten diesen Gedanken nur zu gern Gehör schenken. Wer war doch gleich noch mal Jesus?

Die eigentliche Herausforderung für Menschen, die Jesus nachfolgen, besteht darin, diese Nachfolge sieben Tage die Woche und vierundzwanzig Stunden am Tag zu praktizieren. Es geht nicht darum zu leben, was *Sie* reden; es bedeutet, *seinen* Weg zu gehen. Das ist ein Zeichen für verwandeltes Leben. Es interessiert Gott nicht, ob Sie einen Fisch-Aufkleber an Ihrem Auto haben oder ob Sie ein T-Shirt mit einem kernigen christlichen Spruch tragen. Gott interessiert Ihr Inneres, die Entscheidungen und das Handeln, das Ihrem Inneren entspringt. Jesus hat gesagt:

> *An ihren Früchten sollt ihr sie erkennen.* Matthäus 7,20

Wenn Ihr Leben also faule Äpfel hervorbringt, dann können Sie darauf wetten, dass mit Ihrem Baum etwas nicht stimmt. Der Baum braucht Dünger und Pflege. Sie müssen sich füllen lassen in der Begegnung mit Gott.

Natürlich ist es sehr viel einfacher, über etwas zu schreiben, als es konkret zu tun. Wenn ich geistlich leer bin, dann habe ich es mit denselben Versuchungen eines abgespaltenen Glaubens zu tun wie Sie. In der Gemeinde ist es doch ganz einfach, ein Jesusnachfolger zu sein. Ich erinnere mich an eine Zeit, als ich mich dem Zustand geistlicher Leere näherte. Ich hatte zu viel zu tun und hetzte von einer Sitzung zur nächsten. Statt meinen eigenen Rat zu befolgen und innezuhalten, still zu werden und Kontakt mit Gott aufzunehmen, beschloss ich, in einem lauten Restaurant einzukehren und mit etwas Essbarem Kontakt aufzunehmen. Ich musste mich zwar beeilen, um es noch rechtzeitig zu meinem nächsten Termin zu schaffen, aber mir blieb gerade noch genug Zeit, um mir meinen Lieblings-„Doppel-Moppel-Burger“ einzuverleiben. Die Zeit dafür war zwar ein bisschen knapp bemessen, aber wenn alles nach Plan lief, dann würde es klappen. Aber es lief nicht nach Plan. Das Problem war die junge Dame, die für die Bestellungen zuständig war – denn sie hatte nicht dasselbe Gefühl für Dringlichkeit wie ich. Ihr Augenmerk lag eher auf einem Gespräch über Lipgloss mit ihrer Kollegin statt darauf, möglichst schnell die Wünsche der Kundschaft aufzunehmen.

Ich versuchte, ihr meine Eile zu signalisieren, indem ich mit den Fingern auf den Tresen trommelte und demonstrativ auf die Uhr schaute, aber sie schnatterte einfach weiter mit ihrer Freundin. In meinem Kopf brütete meine Geistesgabe der Ironie Bemerkungen aus, die ich gern laut geäußert hätte, wie beispielsweise: „Wenn ich so lange hätte warten wollen, hätte ich mir einen Burger bei der Kfz-Meldestelle bestellt." Ich war wirklich in höchstem Maße versucht, gemein zu werden und etwas richtig Fieses zu sagen. Aber das tat ich nicht. Ich bin ja schließlich Pastor, und ich dachte mir, dass sie möglicherweise in meine Gemeinde geht.

Und hier kommt jetzt Gottes Humor ins Spiel. Am Morgen des besagten Tages hatte ich noch schnell einen Bibelvers auf einem kleinen Spruchkärtchen angeschaut, von denen ein Kästchen voll auf meinem Armaturenbrett im Auto steht. Ich hatte genug von dem Vers behalten, um mich daran zu erinnern, während ich in der Schlange stand und vor Ungeduld Fingernägel kaute:

> *... und gestärkt werdet mit aller Kraft durch seine herrliche Macht zu aller Geduld und Langmut.*
>
> Kolosser 1,11 (LÜ)

[Geduld oder was?]

Wenn ich dem Mädchen gegenüber explodiert wäre – und ich war wirklich nah dran –, hätte ich dadurch weder etwas gelöst, noch hätte ich meinen Burger schneller bekommen (und vielleicht wäre ein geheimnisvoller Fußabdruck darauf gewesen). Sicher, sie war langsam, aber Tatsache war auch, dass ich nicht ihretwegen angespannt und ungeduldig war, sondern dass das Problem bei mir selbst lag. Es war ein inneres Problem. Gott wollte von mir in dem Moment, wo ich in der Schlange stand, dass ich geduldig und langmütig bin. Und genau das heißt es, Nachfolge zu praktizieren und durchzubuchstabieren, sieben Tage die Woche, vierundzwanzig Stunden am Tag.

Ich spreche oft mit Christen, die glauben, für Gott zu leben bedeutet, es in den großen und wichtigen Lebensbereichen nicht zu vermasseln – also nicht Ehebruch zu begehen, kein Geld zu stehlen und keine Leute umzubringen – solche Sachen eben. Aber ein nicht abgespaltener, ganzheitlicher Glaube bedeutet, auch in den kleinen Dingen gehorsam zu sein. Gehorsam in Bezug auf das eigene Denken. Gehorsam in Bezug auf das eigene Reden. Gehorsam, den Weg zu gehen, den Gott will. Es geht auch um das, was wir nachts denken, und um das, was wir tun, wenn niemand hinschaut. Es geht um den zusätzlichen kleinen Seitenhieb, den wir in einem Streit mit einem Freund oder dem Ehepartner austeilen (oder auch nicht austeilen). Es geht darum, ob wir im Stau die Nerven behalten oder ausrasten.

Regelmäßiges Auftanken hilft Ihnen dabei, den Glauben nicht von Ihrem Leben abzuspalten. Wenn Sie aufgetankt sind, ist es viel einfacher, authentisch und ehrlich zu sein, egal, wo Sie sich gerade befinden – in der Gemeinde oder „draußen".

[Die Fülle des Lebens]

Die Idee des geistlichen Auftankens wurzelt in einer starken biblischen Grundlage. Sie stammt aus einem Gebet, das der Apostel Paulus für die Christen von Ephesus gebetet hat. Paulus betete damals:

> *... damit ihr erfüllt werdet mit der ganzen Gottesfülle.*
>
> Epheser 3,19 (LÜ)

Wenn Paulus in der Urfassung „erfüllt“ schreibt, dann verwendet er das Wort in der Verlaufsform. Er betet also eigentlich, dass die Epheser kontinuierlich erfüllt werden, das heißt, immer wieder neu erfüllt werden.

Anders ausgedrückt: Das Erfülltwerden mit der Fülle Gottes geschieht nicht nur *ein*mal, sondern um diese Fülle zu erfahren, müssen wir regelmäßig gefüllt werden, also immer wieder geistlich auftanken.

Mit diesem Wissen im Hinterkopf möchte ich gern mit Ihnen zusammen eine kleine Reise durch drei Bibelabschnitte machen, die eine umfassendere Argumentation dafür enthalten, dass wir beständig geistlich auftanken sollten.

Ich habe die Erfahrung gemacht, dass ich stärker motiviert bin, mir Gedanken über das „Wie?“ eines Prozesses zu machen, wenn ich weiß, warum er wichtig ist.

Wir sollten regelmäßig auftanken, weil ...

[... immer in Aktion zu sein, auf die Dauer nicht befriedigt]

In Lukas 10,38–42 steht die Geschichte, die davon erzählt, wie Jesus den beiden Schwestern Maria und Martha einen Besuch abstattet. Maria ist gern mit Jesus zusammen, sitzt bei ihm und hört ihm zu, während Martha ganz und gar mit dem Haushalt und ihren Pflichten und Aufgaben als Gastgeberin beschäftigt ist. Als die gestresste Martha sich über die faule Maria beschwert, reagiert Jesus darauf mit den Worten: „Maria hat das bessere Teil gewählt."

Das ist schmerzlich eindeutig: Mit Jesus in Verbindung zu sein, ist besser, als viel zu tun zu haben.

Es gibt immer mehr als genug zu tun! Verstehen Sie? Am Dienstag ist Geschäftsessen angesagt, zweimal die Woche Fußballtraining der Kinder, am Freitag kommen die Nachbarn zum Essen, am Sonntag steht ein Ausflug auf dem Programm, der noch geplant und vorbereitet werden muss ... und die To-do-Liste ist so lang, dass Sie darauf noch „die To-do-Liste durchgehen" hinzugefügt haben. Es ist viel los ... *jetzt.*

So viele Menschen sind es so leid, nur noch von einer Aktivität zur nächsten zu hetzen, ständig Termine zu kontrollieren und abzuhaken, zu spät zu kommen und immer das Gefühl zu haben, noch ganz woanders zu sein, wenn sie irgendwo ankommen. In uns nagt das Gefühl, dass wir dieses Tempo nicht durchhalten können ... und um ehrlich zu sein, wollen wir es auch gar nicht durchhalten. Die meisten Leute, mit denen ich rede, haben diesen Aktionismus gründlich satt und spüren eine innere Leere, die dadurch entsteht, dass wir zu viel zu tun haben und nicht genug mit Gott in Kontakt sind.

Wir können froh sein, dass Gott uns einen anderen Weg anbietet als den, der irgendwann in die völlige Leere und das Stadium „ausgebrannt“ führt. Er lädt uns ein, zu gehen statt zu rennen und unserer müden Seele Ruhe zu gönnen. Darum geht es bei der Fülle des Lebens, der Fülle, die Gott uns schenken will. Das ist etwas anderes, als ständig beschäftigt zu sein (selbst wenn das, womit man beschäftigt ist, etwas Gutes ist). Die Einladung lautet, sich zu Füßen der Person zu setzen, die die Quelle und der Ursprung der Fülle ist.

[Auftanken ... weil unsere Seele sich danach sehnt, gefüllt und erfüllt zu sein]

Wir sollten regelmäßig auftanken, weil Gott dadurch für echte Befriedigung sorgt – ganz tief in unserem Innern, wo es wirklich um das Entscheidende geht.

Wann haben Sie das letzte Mal innegehalten, um zu bedenken, dass Sie eine Seele haben? Was ist Ihre Seele eigentlich?

Ihre Seele ist der unsichtbare, unsterbliche Teil von Ihnen, der Teil, durch den Sie mit Gott verbunden sind. Sie ist das, was Sie von allen anderen Lebewesen auf diesem

Planeten unterscheidet. Ihre Seele ist das echte, das eigentliche Sie. Deshalb hat Jesus auch gefragt:

> *Was hülfe es dem Menschen, wenn er die ganze Welt gewönne und nähme doch Schaden an seiner Seele? Oder was kann der Mensch geben, womit er seine Seele auslöse?*
>
> Matthäus 16,26 (LÜ)

Jesus wollte, dass wir Folgendes begreifen: Unsere Seele ist das an uns, was den größten Teil unseres Wesens, unserer Persönlichkeit ausmacht. Wir müssen unsere Seele wertschätzen, sie nähren und sie versorgen.

Vielleicht ist das besser zu verstehen, wenn Sie sich das am Bild einer Waage vorstellen. Sie kennen doch sicher auch noch diese Waagen, mit denen früher in den Geschäften die Lebensmittel abgewogen wurden. Stellen Sie sich nun vor, dass sich in der einen Waagschale die Dinge befinden, die Sie zu erreichen versuchen, oder die Dinge, die Sie bereits haben. Dazu würden alle Besitztümer und Aktivitäten gehören, die Sie als Gewinn für sich betrachten – Häuser, Autos, Urlaubsreisen, Swimmingpools, Aktienpakete, Ruf, Status, Studienabschlüsse, alles, was Sie jemals gekauft haben, und Karatestunden.

In der anderen Waagschale liegt einfach ...

... ihre Seele.

Es ist doch offensichtlich, dass die Seite mit all den Besitztümern schwerer wiegt, richtig?

Falsch!

Nach Gottes Maßstab verlieren materielle Dinge immer im Vergleich mit der Seele.

Jesus misst unserer Seele einen hohen Wert bei – sie ist unser wertvollster „Besitz". Deshalb sehnt sich unsere Seele nach der Art von Fülle, bei der die Garantie nicht nach einem halben Jahr abgelaufen ist. Unsere Seele sehnt sich nach der Fülle, die nur Gott schenken kann.

[Auftanken ... weil da noch was kommt]

Es gibt eine Tatsache am Menschsein, an die man nicht so gern denkt, und wenn man es tut, ist es ziemlich schwierig: *der Tod.*

Irgendwann werden wir alle sterben – jedenfalls körperlich. Unser Herz wird aufhören zu schlagen und alle unsere Körperfunktionen werden eingestellt sein. Die Seele jedoch lebt ewig. Wir können einen Körperteil verlieren oder eine Organtransplantation hinter uns haben, aber das hat keine Auswirkung auf unsere Seele. Die Seele hat einen Ewigkeitswert. Jetzt kommt ein schwieriges Bild, das nicht ganz so leicht zu schlucken ist: Unser Körper ist eigentlich nicht mehr als eine Art Tupperdose. Ja, Sie haben ganz richtig verstanden, unser Körper ist eigentlich nichts anderes als ein Behälter für unsere Seele.

Deshalb erinnert uns auch der Apostel Paulus daran, dass wir die Perspektive der Ewigkeit einnehmen sollen:

Deshalb bleiben wir zuversichtlich, obwohl wir wissen, dass wir nicht daheim beim Herrn sind, solange wir noch in diesem Körper leben.

2. Korinther 5,6 (NL)

Wenn wir mit Gott in Verbindung treten und bei ihm auftanken, dann haben wir nicht nur Zugang zu seiner Kraft und seiner Führung, sondern wir investieren auch in unsere Ewigkeit – in unser eigentliches Zuhause und unseren endgültigen Aufenthaltsort. Auftanken ist eine andere Art, geistliches Kapital zu bunkern, das ewig reicht.

[Ein unkompliziertes Buch]

Es macht mir sehr großen Spaß, den Menschen aus meiner Gemeinde biblischen Unterricht zu erteilen. Ich liebe auch Gespräche darüber, wie die Leute aus meiner Gemeinde so leben, was sie schon erlebt haben, und oft kann ich ihre Widersprüche und Ungereimtheiten gut nachempfinden (und sie meine). Ich lebe den Traum, mich um Menschen zu kümmern, die Gottes Nähe suchen. Ich schreibe dieses Buch in der Annahme, dass Sie ganz ähnlich sind wie meine Freunde in der Gemeinde. Ihnen ist völlig klar, dass ein Gottesdienst pro Woche einfach nicht ausreicht, damit Sie eine ganze Woche lang geistlich erfüllt bleiben. Wenn es um Ihre Seele geht, dann müssen Sie lernen, wie Sie selbst dafür sorgen können, dass Sie auch die übrigen sechs Tage der Woche immer wieder neu gefüllt werden. Genau wie ich brauchen auch Sie eine konkrete und direkte Möglichkeit, mit Gott in Verbindung zu treten, die auch praktikabel ist und die Sie nicht am Ende völlig lahmlegt – wegen Ihrer Schuldgefühle, weil Sie es nicht richtig hinbekommen.

Richtig? Wenn ja, dann besteht Hoffnung.

Auf den folgenden Seiten werden Sie eine unkomplizierte Art des Auftankens kennenlernen. Es ist natürlich nicht die einzige Möglichkeit, Ihre Seele wieder zu füllen, sondern eine von vielen. Sie werden eine Perspektive für Ihre geistliche Entwicklung kennenlernen und entdecken, wie Sie *beständig aufgefüllt* bleiben können – sodass der Alltagsdruck nicht mehr dauernd Ihren geistlichen Motor abwürgen kann.

Die Kernaussage meines Vorschlags ist nicht neu – es sind ja schon unzählige Bücher darüber geschrieben worden, wie man mit Gott in Verbindung treten und in Verbindung mit ihm bleiben kann. Worin sich mein Vorschlag allerdings von den anderen unterscheidet, ist seine Einfachheit. Aber bitte verwechseln Sie Einfachheit jetzt nicht mit „grob vereinfachend". Das hier ist nicht grob vereinfachend – wenn Sie es lernen, beständig mit Gott in Verbindung zu sein, dann ist das etwas Intensives. Etwas sehr Intensives. Ich möchte nicht, dass Sie versuchen, Gott noch irgendwie in Ihren ohnehin schon vollgestopften Terminkalender zu „quetschen". Vielmehr möchte ich Sie zu einem realistischen Weg, mit Gott in Kontakt zu treten, hinführen, zu einer Möglichkeit also, die ganz natürlich Ihrem Bedürfnis und Ihrem Lebensrhythmus entspricht.

Das kann jedem gelingen, wenn er folgende drei Schritte beherzigt:

1. anhalten
2. still werden
3. eine Verbindung zu Gott aufbauen

Ja, Sie haben ganz richtig gelesen. Das ist alles! Mehr brauchen Sie nicht zu tun. Das alles kann innerhalb von fünf Sekunden passieren oder auch fünf Stunden dauern. Es liegt ganz bei Ihnen. Ich werde diese drei Schritte in den folgenden Kapiteln noch etwas ausführlicher erläutern, damit Sie verstehen, auf welche Weise sie im Prozess des Auftankens zusammengehören.

Wenn Sie jetzt versucht sind, dieses Buch nach dem zweiten Kapitel zuzuschlagen, weil Sie denken: *Das kenne ich doch alles.* Oder: *Das oder etwas Ähnliches habe ich doch auch schon ausprobiert und es hat nicht funktioniert. Warum sollte es jetzt auf einmal funktionieren?* Wenn Ihnen gerade so etwas durch den Kopf geht, dann möchte ich Ihnen Mut machen, Ihre Vorbehalte noch einmal zu überdenken. Ich glaube, dass Ausreden und Entschuldigungen, die uns ausgerechnet in diesem Augenblick in den Sinn kommen, nicht von Gott sind. Haben Sie in diesem Zusammenhang einmal daran gedacht, dass ein Kampf um Ihre Seele stattfindet und der Widersacher Gottes möchte, dass Sie abgelenkt sind, besiegt und leer? Warum er das will? Weil Sie für den Feind Gottes keine Bedrohung darstellen, wenn Sie geistlich leer sind. Leere ist im Grunde Wirkungslosigkeit, was gleichbedeutend mit Fruchtlosigkeit ist. Und genau das möchte der Teufel erreichen.

Ich bin ganz sicher, dass diese einfachen drei Schritte bei Ihnen funktionieren. Als ich sie zum ersten Mal in meiner Gemeinde vorgestellt und erklärt habe, war die Resonanz ganz untypisch positiv. „Endlich!“, sagten die Leute – es war, als wäre ihnen eine schwere Last von den Schultern genommen worden. Von einem nach dem anderen hörte ich das Gleiche – Menschen, denen die typische „stille Zeit“ schon immer Mühe gemacht hatte (die stille Zeit, von der sie ganz sicher waren, dass alle anderen sie sehr viel öfter halten als sie selbst), spürten jetzt eine ganz neue Art von Hoffnung – und sie fanden einen Weg, ihren geistlichen Tank aufzufüllen. Und das werden Sie auch.

Wenn Sie geistlich vorankommen wollen, wenn Sie intensive Nähe zu Gott erleben wollen, wenn Sie die ganze Fülle erfahren möchten, die das Leben für Sie bereithält, dann müssen Sie lernen, regelmäßig aufzutanken.

Wenn es das ist, was Sie sich für Ihr Leben wünschen, dann lade ich Sie ein, den Weg weiterzugehen.

Kapitel 3

[Anhalten]

Wann haben Sie das letzte Mal ganz bewusst wahrgenommen, was Sie eigentlich nacheinander so alles tun, wenn Sie Ihren Wagen volltanken? Ich nehme an, das ist schon ziemlich lange her. Weil Sie nämlich sehr regelmäßig zur Tanksäule fahren, wird das Tanken irgendwann zu einem automatischen Prozess. Es ist wie ein Reflex. Sie brauchen niemanden mehr, der Ihnen zeigt, wie Sie

1. an der Tanksäule anhalten,
2. den Zapfhahn in die Tanköffnung stecken,
3. den Zähler ablesen und bezahlen.

Hinter jedem Tun verbirgt sich eine Unmenge von Abläufen und Informationen, die Ihr Gehirn bereits vor der Handlung verarbeitet und abgespeichert hat. Sie wissen beispielsweise, dass Sie, wenn Sie in die Tankstelle einfahren, an der Zapfsäule auf die Bremse treten, dann den Motor ausschalten, den Tankdeckel öffnen, zum Zapfhahn gehen, den gewünschten Treibstoff wählen, sich innerlich über den Preis aufregen, sich überlegen, ob Sie nicht lieber ein Elektroauto kaufen sollen, und dann den Zapfhahn in die Tanköffnung stecken. Sie brauchen dabei gar nicht mehr nachzudenken – dieser Vorgang läuft weitgehend automatisch ab.

Und genauso sollte es auch sein, wenn Sie geistlich auftanken. Der Plan ist einfach, effektiv und praktikabel.

Wenn Sie sich erst einmal über den Prozess klar geworden sind und die einzelnen Informationen verarbeitet haben, werden Sie es bald schaffen, beinahe reflexartig aufzutanken. Lassen Sie uns also mit dem ersten Schritt des geistlichen Auftankens beginnen:

Es ist Zeit zum *Anhalten.*

[Wenn es überschwappt]

Das klingt wirklich zu simpel.

Einfach *anhalten.*

Dieser Schritt ist wörtlich gemeint. Er ist eine Einladung, innezuhalten, Ihrem Körper und Ihrem Geist eine Pause zu gönnen, sodass er aufhört, in Aktion zu sein, sich mit To-do-Listen und Aufgaben und Pflichten zu beschäftigen. Das muss gar kein langes Innehalten sein ... Vielleicht sind es nur fünf Minuten. Oder drei. Oder eine. Oder dreißig

Sekunden. Ganz richtig ... *Sekunden*! Versuchen Sie doch mal, in Ihrem Tagesablauf solche kleinen Pausen einzubauen. Genauso wenig, wie Sie Ihr Auto während der Fahrt betanken können, funktioniert es, wenn Sie geistlich auftanken wollen, aber vorher nicht anhalten.

Die meisten Leute finden das Anhalten sehr schwierig, wenn ihr Leben zu voll geworden ist. Als ich dieses Buch schrieb, habe ich in meiner Gemeinde eine nicht wissenschaftliche und nicht repräsentative Umfrage durchgeführt, um herauszufinden, wie es den Menschen dort mit diesem Schritt geht. Ich habe sie gefragt, ob sie etwas mit einem der folgenden Begriffe anfangen können: *vielbeschäftigt, gehetzt, leer, gestresst, übermüdet, überlastet.* Schätzungsweise 90 Prozent der Anwesenden haben die Hand gehoben und die anderen zehn Prozent haben entweder gelogen oder geschlafen oder sie waren tot. Halten Sie doch mal einen Augenblick lang inne und denken Sie in Bezug auf Ihr eigenes Leben an diese Begriffe: *vielbeschäftigt, gehetzt, leer, gestresst, übermüdet, überlastet.* Mit welchem der Begriffe können Sie sich am meisten identifizieren?

Ich beispielsweise fühle mich oft überlastet. Es gibt einfach zu viele Dinge in meinem unmittelbaren Umfeld, mit denen ich mich unbedingt befassen müsste. Zurzeit ist es ein kleines elektronisches Instrument von der Größe eines Schokoriegels, mit dem ich E-Mails checken und verschicken, fotografieren und Videos aufnehmen, Sportergebnisse empfangen, mir die Aktienkurse herunterladen, Kinopreviews ansehen und einen großen Teil der Nachrichten aus der ganzen Welt empfangen kann. Ich werde in kürzester Zeit mit mehr Informationen überflutet als alle Könige vergangener Jahrhunderte zusammen. Noch vor hundert Jahren wurde die Post wochenlang zu Pferd transportiert, inzwischen saust sie in Nanosekunden rund um die ganze Welt. Die heutige Zivilisation versorgt mich mit mehr Geschwindigkeit, Informationen, Überfluss, Bildung, Unterhaltung und Technologie als jede Generation zuvor. Das kann in der Tat zu einer Überforderung werden. Ich fühle mich schon überlastet, wenn ich nur darüber schreibe.

Wie können Sie nun feststellen, ob Ihr Leben zu voll ist? Ich bin sicher, dass es da viele Möglichkeiten gibt, aber die meisten Leute beschreiben ihr volles Leben als ein Leben ohne Freiräume. Sie wissen, was Freiräume sind? Sie kennen doch diese Collegeblöcke mit Spiralbindung, deren Blätter auf beiden Seiten einen Rand haben. Ein Rand ist so ein Freiraum. Leer, für nichts Bestimmtes vorgesehen.

Ich beobachte an mir, dass ein Leben ohne Freiräume ein Leben ist, das sehr schnell im Chaos versinkt. Ein Tag ohne Rand ist vollgestopft mit dem Rennen und Hetzen von einer Aktion zur nächsten. Es bleibt nur sehr wenig Zeit zum Verschnaufen, nur eine begrenzte Zeit, um etwas zu durchdenken oder um sich zu entspannen. Wenn das Ihre Person und Ihren Alltag beschreibt, dann sind Sie – sorry – ein potenzieller Unfall. Es ist nur noch eine Frage der Zeit, wann er passiert.

Einer der stärksten Indikatoren für ein zu volles Leben besteht darin, dass Ihre Reaktionen auf die jeweiligen Umstände nicht mehr der Realität des jeweiligen Augenblicks entsprechen, also unangemessen sind. Oder anders ausgedrückt: wenn Ihre Emotionen die Oberhand gewinnen und Sie von ihnen beherrscht werden.

Ich fuhr kürzlich auf den Parkplatz eines meiner Lieblings-„Edelrestaurants“ namens „Burgers & Donuts“ (den Namen habe ich nicht erfunden, den gibt es wirklich – Sie können ihn googeln). Unmittelbar nach mir fuhr eine gut gekleidete Frau um die vierzig in die Parklücke direkt neben mir. Als ich die Autotür öffnete, um auszusteigen, berührte meine Autotür versehentlich ihre ein ganz klein wenig. Es gab keine Delle – nur ein winziges Geräusch bei der Berührung, aber die Frau rastete total aus. Ihrer Reaktion zufolge hätte man denken können, ich hätte mit meinem Autoschlüssel „Ich hasse blonde Chevyfahrerinnen und Sie ganz besonders“ in ihre Autotür geritzt. Und dann beschimpfte sie mich in der übelsten, ordinärsten Gossensprache, die mir je zu Ohren gekommen ist. Manche der Worte, die sie benutzte, kannte ich noch nicht einmal, *oder* ich hatte sie noch nie so geschickt mit den verschiedensten Adjektiven kombiniert gehört. Ich entschuldigte mich bei ihr und versicherte ihr, dass ja wirklich kein Schaden entstanden sei, aber sie wollte gar nicht zuhören, sondern ging zu ihrem Wagen zurück, knallte die Tür zu, zeigte das internationale Zeichen für Missfallen und brauste ohne einen Burger, einen Donut oder ein Gespräch davon.

Ich weiß natürlich nicht, was im Leben dieser Frau los war, aber ihre Reaktion war auf jeden Fall unangemessen. Wenn man erledigt ist, erschöpft, ausgelaugt und einfach müde, dann hat man keine emotionalen Reserven mehr für Gelegenheiten, bei denen man im wahrsten Sinne des Wortes „angetickt" wird. Es ist dann egal, ob es sich um eine zu lange Schlange an der Supermarktkasse, ein paar liegen gelassene Socken auf dem Kinderzimmerfußboden oder um das Handy eines Kollegen handelt, das pausenlos mit der Melodie des Sommerhits „Macarena" klingelt. Wenn unser Leben keine Freiräume mehr hat, dann kann uns schon die kleinste Kleinigkeit aus der Fassung bringen. Wir explodieren und fragen uns erst dann, was eigentlich los ist.

Wie kommt es, dass wir bei all dem Luxus, all der Technik und all den zeitsparenden Helferlein in unserem Leben *dennoch* ständig gehetzt sind, müde und ohne Freiräume? Ich glaube, das liegt daran, dass sich eine Reihe von Lügen in unser Leben eingeschlichen und darin breitgemacht hat. Wenn wir wieder Freiräume gewinnen wollen, dann müssen wir ein bisschen wühlen, um diese Unwahrheiten auszugraben, und sie als das entlarven, was sie wirklich sind – nämlich Lügen. Lassen Sie uns ein paar davon anschauen und versuchen herauszufinden, warum es so schwer ist anzuhalten.

[Lüge Nr. 1: Es ist nicht genug Zeit vorhanden, um alles zu schaffen]

Nein, es wird keine Zeitfee kommen, Zauberstaub über Ihr Leben streuen und Ihnen drei zusätzliche Stunden am Tag schenken. Es ist in der Tat so, dass immer genügend Zeit vorhanden ist, um das zu schaffen, was wir nach Gottes Willen tun sollen. Sehr oft ist der eigentliche Grund für unser Gefühl, zu wenig Zeit am Tag zur Verfügung zu haben, dass wir entweder unsere Zeit falsch einteilen oder sie mit allen möglichen trivialen Tätigkeiten und Beschäftigungen ausfüllen. Es kommt vor, dass, wenn ich mir gerade vorgenommen habe, mir mehr Zeit zu nehmen, um mit meiner alten Mutter zu reden, ich trotzdem unbedingt noch kurz beim Elektronikmarkt vorbeischauen muss, der gerade heute Ausverkauf hat. Und dann muss ich noch unbedingt die Wiederholung eines Tatorts aus dem Jahr 1972 anschauen.

Das Beispiel Jesu zeigt uns, dass ein Mensch alles tun kann, was für ihn bestimmt ist, und zwar in der ihm zur Verfügung stehenden Zeit. Jesus hat zu vielen Dingen Ja gesagt, aber zu vielen anderen ein ebenso klares Nein. Jesus hat Grenzen gesetzt. Er hatte Grenzen. Er brauchte Zeit, um innezuhalten, nachzudenken, zu beten und sein Inneres zu pflegen. Und dasselbe brauchen wir auch.

[Lüge Nr. 2: Ich habe gerade eine stressige Phase]

Klar gibt es Zeiten im Leben, in denen besonders viel zu tun ist. Zum Beispiel in der Prüfungswoche am Ende des Semesters. In den Monaten nach der Geburt eines Babys. In den Tagen vor einer wichtigen beruflichen Präsentation. Das Problem ist nur, dass es so praktisch ist, die Aussage „Ich bin gerade sehr im Stress" ständig einzusetzen, um jeden Monat, jede Woche und jeden Tag damit zu umschreiben.

Ich persönlich greife ziemlich oft zu dieser Lüge. Eine echt stressige Phase geht zu Ende, aber sie geht meist nahtlos in die nächste über, und der Druck lässt offenbar nie nach. Ich sage immer, dass jetzt bald ruhigere Zeiten kommen, aber das passiert nie.

Mal ehrlich, oft ist es doch nicht die Phase, die stressig ist, sondern es ist die Person. Ich bin es. Menschen, die süchtig danach sind, immer zu tun zu haben, suchen nach Gelegenheiten, um an die Droge ihrer Wahl zu kommen – nämlich Aktivität. Das ist eine Lüge, der nur sehr schwer beizukommen ist.

Lüge Nr. 3: Aber das hier ist wirklich, wirklich wichtig

Wenn Sie diese Lüge glauben, dann sagen Sie im Grunde zu allem Ja. Welche Gelegenheit Ihnen auch über den Weg läuft, Sie greifen begierig danach. Die Probleme anderer Leute werden zu Ihren Problemen. Die Krisen anderer Menschen werden für Sie zu dringlichen Anliegen. Das ist alles superwichtig, sagen Sie sich, und Sie sind davon überzeugt: Wenn Sie nicht Ja sagen, werden all diese superwichtigen Sachen nicht erledigt.

Ich verrate Ihnen ein kleines Geheimnis: Man darf auch Nein sagen. Das ist völlig okay! Sie können nicht alles tun und Sie sollen es auch gar nicht. Wenn etwas für Sie keine hohe Priorität hat, dann ist es völlig in Ordnung, es sein zu lassen. Vor ein paar Jahren hatte ich das Vorrecht, mit Dan Cathy zu Mittag zu essen – er ist der Präsident von Chick-fil-A, der größten privaten Fast-Food-Kette in Amerika. Während des Essens stellte ich ihm die Idee für ein Buch vor, das ich gern mit ihm zusammen schreiben wollte. Ich sagte etwas wie: „Ich denke mal, dass Sie ziemlich viel zu tun haben, und das hier ist vielleicht nur noch ein Konkurrenzprojekt um Ihre knapp bemessene Zeit, aber ich dachte, dass ich trotzdem wenigstens mal frage."

Daraufhin sagte er etwas, das sich mir sehr eingeprägt hat: „Ich habe sehr, sehr viel zu tun, Doug. Sehr viel! Aber selbst vielbeschäftigte Leute finden Zeit für die Dinge, die ihnen wirklich wichtig sind. Aber nicht alles ist wichtig oder kann wichtig sein." Das ist eine tolle Aussage!

Das Buch ist nie geschrieben worden, Sie merken also, was Dan von meiner Idee hielt. Aber vielleicht war es ja auch eine ganz gute Idee, die noch immer in einer langen Schlange anderer guter Ideen steht und auf ihre Chance wartet. Dan Cathy weiß jedenfalls definitiv, dass nicht alles wirklich, wirklich wichtig ist.

[Lüge Nr. 4: Erfolg und *Ständig-beschäftigt-Sein* sind Synonyme]

Ist Ihnen auch schon mal aufgefallen, wie leicht man sich eine Plakette mit der Aufschrift um den Hals hängt: „Ich bin sehr beschäftigt und habe immer zu viel um die Ohren"? Nehmen wir einmal an, Sie treffen zufällig einen Freund, den Sie länger nicht gesehen haben. Dann könnte es zu folgendem kleinen Dialog kommen:

„Hey, wie geht's? Immer viel zu tun?"

„Ja, ständig im Stress! Und du?"

„Ja, bis zum Hals in Arbeit!"

„Ich auch. Kaum zu glauben, wie viel bei uns zurzeit auf der Arbeit los ist."

„Das kannst du laut sagen. Aber wer braucht schon Schlaf?"

„Freut mich, dass es dir gut geht!"

„Ja, gleichfalls."

Dass es *gut* geht? Wirklich? Ist es wirklich gut, ständig beschäftigt zu sein? Viele finden es sexy, ständig zu tun zu haben. Es steht als Beweis dafür, dass man jemand ist, dass die Leute einen brauchen, dass man wichtig ist, dass man es geschafft hat, dass man jemand von Bedeutung ist. Moment mal – genau das ist die Lüge!

Ich habe einen guten Freund, der diese Lüge glaubt, der immer arbeitet und nie zu Hause ist. Weil ich sein Kumpel bin, dachte ich, ich könnte ihn auf die Situation mal ansprechen. Er hörte zwar zu, ging aber sofort auf Abwehr und sagte: „Ich muss schließlich die Rechnungen bezahlen." Das Problem ist, dass er viele Rechnungen zu bezahlen hat. Er hat seiner Frau vor kurzem ein nagelneues Auto gekauft. Er sagt, dass er den Wagen gekauft hat, weil es „ein so sicheres Fahrzeug" ist. Ich habe daran so meine Zweifel. Ich glaube, er hat einfach eine weitere Lüge hervorgekramt – dass er die Rechnungen bezahlen muss –, um sein atemloses Leben, das keine Freiräume kennt, zu rechtfertigen. Er hat keine Freiräume, weil er zu viel arbeitet. Er hat beschlossen, in einer Gegend zu wohnen, die er sich eigentlich nicht leisten kann, und er fährt ein völlig überteuertes Fahrzeug, das er gar nicht braucht. Er arbeitet nicht zu viel, weil er seine Rechnungen bezahlen muss. Er hat so viel zu tun, weil er schlechte Entscheidungen finanzieren muss.

Diese Art zu leben bringt Menschen irgendwann um. Sie zerstört Ehen, macht Familien krank, lässt Menschen innerlich verkümmern und frisst unsere Fähigkeit auf, erfülltes Leben zu erfahren.

Wie sieht es bei Ihnen aus? Wünschen Sie sich auch, Sie könnten das Tempo Ihres rastlosen Lebens drosseln? Wenn ja, dann liegt die Lösung darin, sich mit den Lügen auseinanderzusetzen, sie auszusprechen und nicht mehr dauernd zu rechtfertigen, dass Sie pausenlos arbeiten und beschäftigt sind. Wenn Sie Ihr Leben anhalten, kommt Ihnen das vielleicht am Anfang ziemlich abrupt vor, aber es ist eine unbedingte Voraussetzung zum Auftanken.

Und so kann sich das Anhalten anfühlen: Als meine jüngste Tochter Cassie drei Jahre alt war, hatte ich sie eines Sonntags nach dem Gottesdienst auf dem Arm und unterhielt mich noch mit jemandem aus der Gemeinde. Sie zappelte auf meinem Arm herum und versuchte, meine Aufmerksamkeit zu bekommen, aber ich blieb auf mein Gespräch konzentriert. Schließlich nahm Cassie mein Gesicht in ihre beiden kleinen Hände, drehte es so zu sich hin, dass ich sie ansehen musste, und sagte: „Papa, hör auf!" *Stopp!* Hör auf zu reden und guck mich an!

Sie hat meine Aufmerksamkeit einfach erzwungen.

Dieses Experiment möchte ich jetzt auch mit Ihnen machen. Ich möchte Ihr Gesicht mit den Händen umfassen (natürlich ganz vorsichtig) und Ihnen diese abrupte Botschaft mitteilen: *Stopp! Anhalten! Aufhören!*

Hören Sie auf, zu allem Ja zu sagen.

Hören Sie auf, sich so viel mit Nebensächlichkeiten zu beschäftigen.

Hören Sie auf, Ihr Leben mit zu vielen guten Dingen auszufüllen und ohne Freiräume zu leben.

Hören Sie damit auf, damit Sie Ihre Seele auftanken können und geistlichen Tiefgang erfahren. Nur so können Sie gegen die Oberflächlichkeit des ewigen Beschäftigtseins ankämpfen.

[Ein Plan zum Anhalten und Aufhören]

Ich habe Ihnen versprochen, dass dieser Plan praktikabel ist. Und das ist er auch.

Wenn Ihr Leben vollgestopft ist mit Geschäftigkeit, dann lautet meine Einladung an Sie heute *nicht,* alles stehen und liegen zu lassen und Ihr Leben radikal zu ändern. Das kommt Ihnen vielleicht seltsam vor, aber ich fordere Sie gar nicht dazu auf, dieses Buch hinzulegen, dann Ihre Kinder vom Fußballtraining abzumelden, Ihren Job zu kündigen, Ihr nagelneues Auto zu verkaufen oder jeden Morgen drei Stunden früher aufzustehen. Mein Plan ist ernst gemeint. Und er ist realistisch. Es ist ein Plan, der Ihnen heute gelingen kann.

Wenn Sie einmal versuchen, sich vorzustellen, was es für Sie persönlich bedeutet, anzuhalten, aufzuhören, einfach Stopp! zu sagen, dann möchte ich nicht, dass Sie den Druck empfinden, jetzt in die Einöde ziehen zu müssen, um alldem entfliehen zu können. Manche Leute haben eine verträumte, beschauliche Szene vor Augen, wenn sie an ein entschleunigtes Leben denken. Sie stellen sich vor, auf einer großen Veranda zu sitzen, mit Blick auf eine riesige Rasenfläche, Kolibris, die Nektar aus farbenprächtigen Blüten holen, und in der Ferne friedvoll äsendes Wild. Sie stellen sich etwas so Spektakuläres vor, dass sie sogar sehen können, wie der Herr selbst geheimnisvoll aus dem Gebüsch auftaucht. Sie haben eine aufgeschlagene Bibel auf dem Schoß und eine dampfende Tasse Kaffee neben sich stehen sowie einen Stapel in Schönschrift beschriebener Bibelvers-Karteikarten. Wirklich fantastisch!

Das ist zwar eine schöne Vorstellung, aber nicht die Realität. Ich fordere Sie nicht auf, diesem Traum nachzujagen. Meine Einladung an Sie lautet, in dieser real existierenden Welt, in Ihrem real existierenden Alltag mit Gott in Verbindung zu treten. Die Art anzuhalten, die ich vorschlage, soll befreiend sein. Ich möchte Schluss machen mit den mit Schuldgefühlen behafteten Vorstellungen von „stiller Zeit", von der Sie wissen, dass sie bei Ihnen so nie stattfinden wird. Ich lade Sie nicht dazu ein, Stunden auf Knien zu verbringen, die Bibel im griechischen Original zu lesen oder sich nach jeder Mahlzeit mit Ihrer Familie zusammenzusetzen, „Kumbaya" zu summen und Psalmen auswendig zu lernen.

Wozu ich Sie einlade, ist etwas viel Einfacheres: Halten Sie an einem ganz normalen Tag einfach einmal an. Lassen Sie kleine Freiräume zu. Ich wünsche mir, dass Sie lernen, wie man Pausen in seinen Alltag einbaut – täglich, mehrmals täglich, wo immer Sie sich gerade befinden. Und dann still zu werden und mit Gott in Verbindung zu treten.

Ich weiß, dass Sie das können. Ich weiß, dass Sie Freiräume in Ihrem Leben finden oder schaffen können. Lassen Sie uns doch gleich praktisch werden:

- Anhalten kann so einfach sein wie den Kühlschrank wieder zu schließen, doch nichts zu essen und stattdessen einen Moment lang in ein anderes Zimmer zu gehen, um nachzudenken.
- Anhalten kann so einfach sein wie fünf Minuten früher zu einer Sitzung zu kommen und noch genug Zeit zu haben, um vor dem Sitzungssaal ein stilles Gebet zu sprechen.
- Anzuhalten kann bedeuten, noch ganz kurz ein paar Verse in der Bibel zu lesen, bevor Sie ins Auto steigen, um zur Arbeit zu fahren, und dann unterwegs über das Gelesene nachzudenken.
- Anzuhalten kann bedeuten, den Computer herunterzufahren, wenn Feierabend ist, und noch kurz still am Schreibtisch sitzen zu bleiben und zu beten, bevor Sie Ihren Aktenkoffer nehmen und nach Hause gehen.
- Anhalten kann man auch inmitten eines gut besuchten Supermarkts oder während Sie vor der Schule Ihres Kindes im Auto warten, um es abzuholen ... oder während Sie auf der Toilette sind.

Anzuhalten bedeutet, ganz bewusst kleine, aber wichtige Freiräume im Leben zu schaffen. Diese Minifreiräume addieren sich dann von selbst zu längeren Momenten des Innehaltens. So können Sie Ihre Seele wieder auftanken und dafür sorgen, dass sie durch mehrere solcher kleiner Stopps am Tag ausgeglichen bleibt. Aber ohne solche Freiräume ist eine solche Ausgeglichenheit nicht möglich.

Anhalten darf natürlich keine Aktivität sein, die zu Ihrem ohnehin schon zu vollen Leben noch dazukommt. Anzuhalten bedeutet ganz einfach, mit einer Aktivität aufzuhören oder um eine Aktivität herum so viel Raum zu lassen, dass man Zeit mit Gott verbringen kann. Fangen Sie erst einmal mit einem Stopp pro Tag an. Dann nehmen Sie einen zweiten dazu. Integrieren Sie diese beiden erst einmal in Ihren Tagesablauf, sodass sich eine Regelmäßigkeit entwickeln kann, bevor Sie einen dritten Stopp hinzufügen. Und – wahrscheinlich haben Sie es schon erraten – bevor Sie einen vierten Stopp hinzufügen, warten Sie wieder so lange, bis Sie mit drei Stopps gut zurechtkommen und sich daran gewöhnt haben. Glauben Sie mir: Schon bald wird das Innehalten zur Gewohnheit werden. Sie tun es ganz automatisch.

Fangen Sie langsam an. Wenn Sie körperlich nicht fit sind, fangen Sie ja auch nicht an zu trainieren, indem Sie zum Einstieg erst einmal einen Marathon absolvieren. Spätestens nach 500 Metern würde Ihnen doch die Puste ausgehen. Stattdessen fangen Sie Ihr Training wahrscheinlich damit an, dass Sie einmal um den Block joggen, dann die Strecke ein bisschen verlängern und sich auf diese Weise immer ein bisschen weiter vorarbeiten. Und genau das ist auch mein Vorschlag für das geistliche Auftanken. Vielleicht müssen Sie erst lernen und üben, wie man anhält.

Hier ein Beispiel für ein kurzes Anhalten, das ich selbst vor ein paar Minuten erlebt habe. Gestern hat mir ein Freund so ein Gerät gegeben, das man am Arm trägt, um den täglichen Kalorienverbrauch zu messen. Er hat das Gerät für die Vermittlung einer kostenlosen telefonischen Beratung durch einen Fitnessberater bekommen. Ich war ziemlich sicher, dass die kostenlose telefonische Fitnessberatung eigentlich ein Verkaufsgespräch für Vitamine und andere Nahrungsergänzungsmittel werden sollte, die ich eigentlich nicht haben wollte. Damit mein neues Dingsbums aber aktiviert werden konnte, musste ich auf dem Online-Formular meine Telefonnummer angeben. Und wie nicht anders zu erwarten, bekam ich heute tatsächlich den Anruf. Ich traf jedoch die Entscheidung, den Anruf nicht anzunehmen. Ich war zwar versucht, habe mich aber dann doch dagegen entschieden. Dadurch ergab sich für mich ein Freiraum von ein paar Minuten. Hier das Ergebnis: Ich tauschte ein fünfzehnminütiges Telefongespräch mit einem völlig fremden Menschen gegen einen etwas ausgedehnteren Stopp ein, den ich dazu nutzte, um Zeit mit Gott zu verbringen. Das war eine einfache Wahl.

Ich erwarte jetzt nicht von Ihnen, dass Sie das Buch hinlegen, jemanden anrufen und sagen: „Dieser Doug

Fields ist vielleicht ein brillanter Autor! Stell dir mal vor, er hat diesen Anruf nicht angenommen – nicht zu glauben, oder? Der Mann ist ein Genie! Darauf bin ich noch nie gekommen.“ Zugegeben, meine Entscheidung ist vielleicht nichts revolutionär Neues. Aber sie spiegelt einen dieser ganz normalen Augenblicke in meinem Leben wider, in denen ich mich entschieden habe, Nein zu sagen, um Raum zu schaffen, damit ich anhalten und Ja zu Gott sagen kann.

Verstehen Sie mich nicht falsch: Ich will damit auch nicht sagen, dass Sie Gott nur Ihre Zeitreste und Überbleibsel geben sollen. Es gibt ganz sicher Phasen, in denen wir aufgefordert sind, viel Zeit mit Gott zu verbringen – ausgedehnte Phasen des Gebetes, Rüstzeiten oder wöchentliche Bibelstunden –, und ich begrüße solche Zeiten in meinem Leben genauso, wie ich Sie Ihnen empfehlen möchte. Aber das Hauptaugenmerk dieses Buches liegt nicht auf diesen ausgedehnteren Zeiten, denn zu denen kommt es ganz automatisch, wenn Sie diese kleineren Zeiträume beherzigen.

Ohne großartig lange suchen zu müssen, finde ich immer kleine Freiminuten oder -sekunden, in denen ich anhalten und still werden und mit Gott in Verbindung treten kann. Ich finde sie jeden Tag, mehrmals täglich. Und wenn Gott und ich regelmäßig miteinander in Kontakt sind, dann ist mein Fokus klarer, meine Sichtweise positiver, meine Freude intensiver, und ich erlebe mehr von der Fülle des Lebens, die Gott mir anbietet.

[Eine Einladung, *still zu sein*]

Wenn diese Art des Anhaltens für Sie etwas ganz Neues ist, fühlt es sich vielleicht zunächst gewöhnungsbedürftig an, wenn Sie anfangen, es zu praktizieren. Das ist völlig in Ordnung. Erinnern Sie sich noch daran, wie Sie zum ersten Mal vom Startblock ins Schwimmerbecken gesprungen sind? Gut möglich, dass es ein Bauchplatscher wurde oder Sie die Hände wie zum Kopfsprung ausgestreckt hatten, aber dann einen Fußsprung machten. Aber mit der Zeit wurde die Sache dann immer einfacher und selbstverständlicher.

Alles, was sich zu tun lohnt, muss gelernt werden und erfordert am Anfang ein bisschen Gewöhnung. Auch das Anhalten kann sich anfänglich etwas gewöhnungsbedürftig anfühlen. Aber genauso, wie Sie es damals gelernt haben, einen Kopfsprung vom Startblock zu machen, so können Sie auch das Anhalten lernen.

Doch seien Sie gewarnt: Je mehr Sie um die Ohren haben, desto schwieriger wird es Ihnen fallen innezuhalten. Sie können es aber trotzdem schaffen, da bin ich mir ganz sicher.

Betrachten Sie diesen Augenblick jetzt einfach als Einladung, anzuhalten. Setzen Sie sich hin, und lassen Sie Ihr Gehirn aufhören, sich mit To-do-Listen und anstehenden Aufgaben zu befassen. Jetzt, in diesem Augenblick – halten Sie Ihren Körper an. Halten Sie Ihr vielbeschäftigtes Denken an und Ihren gehetzten Geist. Halten Sie alles an. Und hören Sie auf diesen Rat:

> *Seid stille und erkennt, dass ich Gott bin!*
>
> Psalm 46,11 (LÜ)

Das bedeutet es, anzuhalten: still zu sein. Alle Aktivitäten einzustellen und unsere Gedanken ganz bewusst und aktiv auf Gott zu konzentrieren. Jetzt hetzen Sie nicht weiter zum nächsten Kapitel ... sondern halten Sie stattdessen an. Sie können Ihre Seele nicht auftanken, wenn Sie ständig auf der Flucht sind.

Kapitel 4

[Still sein]

Ich werde nie den Tag vergessen, an dem ich von der Arbeit nach Hause kam und meine Frau sich im Bad versteckt hatte. Sie war nicht auf der Toilette oder unter der Dusche – nein, sie hatte sich dort wirklich nur versteckt. Unsere Kinder waren damals sechs und drei Jahre und drei Monate alt. Mit dieser konkreten Zusatzinformation ist das Verhalten meiner Frau schon besser zu verstehen, oder? Es war nicht Cathys spezieller Erziehungsstil, den Kindern Medikamente zu geben, um sie ruhigzustellen, und sie wollte auch nicht selbst Medikamente nehmen, um still zu werden – sie brauchte nur einfach ganz dringend Stille. Es hat schon viele Tage in ihrem Leben als Mutter gegeben, an denen sie sich einfach nach einem bisschen Stille gesehnt hat, wenn es mal wieder recht turbulent zuging.

Um mit Gott in Verbindung zu treten, ist noch ein weiterer radikaler Schritt notwendig, der eine ganz wesentliche Zutat in dem Rezept für geistliches Wachstum ist – Stille. Ich möchte ich Sie jetzt ermutigen, unmittelbar nachdem Sie angehalten haben, still zu werden ... ohne sich dafür im Bad verstecken zu müssen.

In einer Welt, in der überall Lärm herrscht, kann Stille ohrenbetäubend sein. Wie soll man also einfach *still sein*, wenn der Lärm allgegenwärtig ist, und zwar bis zum Anschlag aufgedreht? Denken Sie einmal an all den Lärm, von dem Sie ständig - gewollt oder ungewollt - umgeben sind. Den ganzen Tag erleben Sie Lärm: Fahrtlärm, Menschenlärm, Medienlärm, Werbungslärm, Katastrophenlärm, Beratungslärm, Einkaufslärm, Reality-TV-Lärm ... so viel Lärm, dass man noch lauter werden muss als der Lärmpegel, um gehört zu werden. Selbst wenn wir versuchen, dem Lärm zu entfliehen, indem wir beispielsweise einen Spaziergang machen, ist die Versuchung groß, einen MP3-Player mitzunehmen und sich noch mehr Lärm anzuhören. Und wenn man dann am Ende des Tages schließlich entspannen möchte, dann spielt man sich im Bett als Einschlafhilfe Naturgeräusche vor (noch mehr Lärm). Kommt Ihnen das verrückt vor? Haben Sie schon einmal ganz bewusst auf den Lärm in Ihrem Leben geachtet?

Wenn der Lärm zum Verstummen gebracht wird, dann zwingt uns die Stille zum Nachdenken, Reflektieren und zum Prüfen unseres Inneren. Das ist im Übrigen auch der Grund, weshalb so viele Leute es nicht still haben wollen und eigentlich gern Lärm mögen - denn wenn man nach innen schaut, findet man dort nicht selten einen finsteren, einsamen Ort vor. Stille hat so eine Art, die Gedanken in Bereiche zu lenken, die wir lieber nicht sehen und mit denen wir uns schon gar nicht auseinandersetzen wollen. Wenn wir also dafür sorgen, dass unser Leben immer schön angefüllt bleibt mit Lärm und Aktivitäten, brauchen wir uns nicht mit den Realitäten unseres Leben zu beschäftigen, die in der Stille verborgen sind.

Aber gerade in der Stille – der Abwesenheit von Lärm – offenbart Gott sich oft. In der Stille braucht Gott nicht um Aufmerksamkeit zu konkurrieren mit RTL oder Sat.1 (oder dem Radio oder dem Telefon). In der Stille führt Gott uns, leitet er uns, umgibt uns mit seiner Gegenwart und seiner Liebe.

Damit wir die an unser Inneres, an unser Herz gerichtete Stimme Gottes hören können, ist es von entscheidender Bedeutung, Stille zu finden. Genau wie beim Thema „Anhalten" (Kapitel 3), fordere ich Sie auch jetzt nicht auf, in Ihrem ganz normalen Alltag große Portionen von Stille zu finden. Ich möchte, dass Sie sich wohl dabei fühlen, sich bewusst für Stille zu entscheiden.

Zu der Herausforderung, still zu werden, gehört mehr, als sich von dem abzuschirmen, was man akustisch hören kann. Zum Lärm gehören auch die *stillen Ablenkungen*, die dafür sorgen, dass Ihr Denken aktiv und unfokussiert bleibt. Lärm kommt nicht nur zu unseren Ohren herein, sondern wird auch in unserem Inneren produziert.

[Die leise lärmenden Störenfriede]

Lassen Sie uns ein paar Feinde der Stille anschauen. Sie mögen zwar nicht zu hören sein, aber sie sind trotzdem laut. Es sind die Dinge, die die Lautstärke in Ihrem Inneren aufdrehen, dort also, wo es eigentlich still sein sollte, um mit Gott in Kontakt zu treten. Schauen Sie einmal, ob eine dieser Lärmarten auch in Ihrem Leben für Unruhe sorgt.

[Der Lärm der Sorge]

Die Sorge kann Sie richtig anschreien. Sie kann Sie mitten in der Nacht wecken und Ihr Herz in Angst versetzen. Sie kann Sie nervös machen, bevor der Tag überhaupt angefangen hat. Sie kann Ihr Denken und Ihre Gespräche in Beschlag nehmen und sogar die Zeiten, in denen sie sich eigentlich entspannen könnten.

Es ist ganz einfach, sich Sorgen zu machen. Geben Sie mir irgendein Thema - egal welches - und ich kann mir mühelos Sorgen darüber machen. Sogar über etwas so Harmloses wie zum Beispiel Fußball. Was, wenn der Videorekorder das Spiel nicht aufnimmt? Was, wenn ich das Ergebnis des Spiels schon erfahre, bevor ich zu Hause bin und es selbst anschauen kann? Was, wenn im Kühlschrank keine kleinen Frikadellen mehr sind? Was ist, wenn eine ältere Dame von einem Ball getroffen wird? Was, wenn diese Dame meine Mutter ist? Und so könnte ich endlos weitermachen.

Die Sorge ist ein ständiges und allgegenwärtiges Rufen. Deshalb hat Jesus auch gesagt, dass es so wichtig ist, die Dinge in unserem Leben zu relativieren. „Wer von euch könnte seinem Leben durch Sorge auch nur einen Tag hinzufügen?" (vgl. Lukas 12, 22–31), fragt er. Sorge ist das Gegenteil von Anbetung. Sie ist Lärm, den man nur schwer beseitigen kann.

[Der Lärm des Wünschens und Wollens]

Auch der Lärm des Wünschens und Wollens kann ohrenbetäubend sein. Es ist ganz schwer, Stille zu finden, wenn man eine Konsum-Mentalität hat. Man denkt immer an noch mehr, und dabei ist dieses Mehr-Wollen oft nur ein Versuch, sich Gelassenheit zu erkaufen. Wenn man sich Sorgen macht oder gestresst, wütend oder gelangweilt ist, dann ist es so einfach, ins Einkaufszentrum zu fahren und dort inneren Frieden zu erwerben.

Dieser Lärm des Wünschens und Wollens schreit uns auf ganz unterschiedliche Art und Weise an, zum Beispiel in Form von Werbung. Wir blättern eine Zeitschrift durch und merken, wie toll all der Schnickschnack auf den Hochglanzseiten aussieht, und dann denken wir den ganzen Tag daran. Oder wir bemerken, dass unser Nachbar sich gerade einen neuen, schicken Geländewagen gekauft hat ... Oder ein Kollege kommt braun gebrannt von seinem Malediventurlaub zurück, und uns juckt es unglaublich in den Fingern, sofort im Reisebüro anzurufen.

Der Lärm des Wünschens und Wollens überzeugt uns immer mehr davon, dass wir etwas brauchen, wenn wir gut aussehen, uns gut fühlen oder gut drauf sein wollen – es aber nicht haben oder sind. Und wir meinen dann, dass die Lösung dieses Dilemmas nur einen Kauf weit entfernt liegt. Manchmal befriedigen wir uns selbst durch den Lärm des Kaufens, manchmal hoffen wir auch, für jemand anderes Frieden erkaufen zu können. Zum Beispiel, indem wir dem Sohn schließlich doch ein Schlagzeug kaufen, damit er endlich aufhört zu nerven. Aber das Einzige, was Sie davon haben, ist, dass Sie schwerhörig werden. Das Nächste auf seiner Wunschliste ist Theaterschminke, damit er Pantomime lernen kann. Der Lärm des Wünschens und Wollens ist sehr laut.

[Der Lärm des Aufschiebens]

Das Geräusch des Aufschiebens ist ziemlich seltsam. Aber immer, wenn wir etwas aufschieben, das wir eigentlich sofort erledigen könnten (oder sollten), taucht eine weitere dumpfe Stimme in unserem Leben auf. Ja, eigentlich ist es so: Wenn wir etwas aufschieben, uns die Finger in die Ohren stecken und singend herumlaufen, tun wir das in der Hoffnung, dass die Situation sich von selbst auflöst oder einfach verschwindet.

Die Auswirkungen des Aufschiebens werden mit der Zeit immer größer. In unserem Leben entsteht immer größere Unordnung. Ungeklärte Beziehungen schwirren irgendwo in unserem Hinterkopf. Ungesagtes, Unerledigtes, Unbewältigtes - all das häuft sich auf und türmt sich drohend über den Pausen, Rückzügen und Freiräumen unseres Lebens auf. Schon bald wird der Lärm des Unerledigten und Aufgeschobenen so unangenehm wie das Quietschen von Kreide an einer Wandtafel.

[Der Lärm um Sie herum]

Lassen Sie uns eine kurze Lärm-Bestandsaufnahme machen. Nehmen Sie sich einen Augenblick Zeit, um die unten stehenden Aussagen zu bewerten, indem Sie jeweils den Buchstaben (A, B, C) notieren, der Ihrer Situation am ehesten entspricht. Diese Befragung erhebt keinen Anspruch auf Wissenschaftlichkeit, sondern soll nur Gelegenheit zur Selbsteinschätzung bieten. Vielleicht möchten Sie ja hinterher mit einer Person Ihres Vertrauens die Ergebnisse durchgehen.

A - kaum
B - manchmal
C - meistens

[ ] Ich höre den ganzen Tag Musik.
[ ] Die meisten Abende sitze ich entweder vor dem Fernseher oder vor dem Computer.
[ ] Ich brauche beim Autofahren immer entweder Radio oder eine CD.
[ ] Ich rede viel. Es ist gar nicht so wichtig, mit wem oder wo, ob am Telefon oder mit Kollegen. Eigentlich rede ich mit jedem Menschen, den ich treffe.
[ ] Bei uns zu Hause läuft eigentlich fast immer der Fernseher, auch wenn nur selten jemand bewusst hinschaut.
[ ] Ich kaufe oft Sachen, um mich besser zu fühlen oder wenn ich wütend, deprimiert oder gelangweilt bin.
[ ] Ich wache nachts oft auf und mache mir dann Sorgen.
[ ] Ich weiß, dass ich unbedingt mit ein paar Menschen in meinem Leben sprechen müsste, aber ich schiebe es immer wieder auf.
[ ] Ich würde sagen, dass mein Leben normalerweise ziemlich „laut" ist.
[ ] Ich fühle mich am wohlsten, wenn es laut ist.

Werten Sie Ihre Antworten selbst aus:

Für jedes *A*, das Sie aufgeschrieben haben, rechnen Sie sich 0 Dezibel an.
Für jedes *B*, das Sie aufgeschrieben haben, rechnen Sie sich 5 Dezibel an.
Für jedes *C*, das Sie aufgeschrieben haben, rechnen Sie sich 10 Dezibel an.

Jetzt zählen Sie zusammen, wie viel Dezibel bei Ihnen zusammengekommen sind.

Wie haben Sie abgeschnitten?

[0–35 Dezibel. Blätterrascheln-Lautstärke]

Herzlichen Glückwunsch! In Ihrem Leben gibt es offenbar ein gewisses Maß an Stille. Es gelingt Ihnen meist, den Lärm der Sorgen, des Habenwollens, des Aufschiebens und auch die ganz offensichtlichen Lärmquellen in Ihrem Leben auszuschalten. Legen Sie kurz das Buch zur Seite und klopfen Sie sich einmal kräftig auf die Schulter. Oder seien Sie wirklich ehrlich und bearbeiten Sie den Fragebogen noch einmal.

[35–65 Dezibel. Gesprächslautstärke]

Nicht schlecht. Ihr Leben ist gekennzeichnet von Phasen, in denen sowohl Lautstärke als auch Stille vorkommen. Es klingt so, als wären Sie sich der Gefahr, die die Sorgen, die Besitzwünsche, das Aufschieben und auch der ganz offensichtliche Lärm in Ihrem Leben verursachen, bewusst und hätten entsprechende Gegenmaßnahmen ergriffen. Gut so.

[65–100 Dezibel. Presslufthammerlautstärke]

Gefahrenzone. Ihr Leben ist viel zu laut. Es gibt in Ihrem Tagesablauf wenig Stille. Manchmal fühlt sich Ihr Leben kribbelig, nervös und chaotisch an. In Augenblicken, in denen Sie ehrlich sind, sehen Sie einige ungeklärte Punkte in Ihrem Inneren, denen Sie sich aber nicht stellen wollen. Wenn Sie sich um diese Punkte nicht kümmern, wird der Lärm in Ihrem Leben weiter zunehmen und immer mehr die Stimme Gottes übertönen.

Wenn Sie so sind wie die meisten Menschen, dann gehören Sie in die zweite oder dritte Gruppe. Wie könnte nun also eine Lösung aussehen? Was machen Sie mit dem Lärm in Ihrem Leben?

[Die Flüsterstimme]

Die Lösung besteht darin, die Stille zu suchen.

So einfach ist das.

Sie müssen kein Mönch werden und ein Jahr lang schweigen. Sie müssen Ihr Haus nicht in schallisolierender Noppenfolie verpacken. Sie brauchen Ihre alten Rock-'n'-Roll-Platten nicht vor Ihrem Haus zu verbrennen. Nach jedem Stopp, den Sie im Laufe eines Tages schaffen, erlauben Sie es sich einfach, still zu sein. Entscheiden Sie sich ganz bewusst gegen Geräusche und Lärm. Stellen Sie den Lärm der Sorgen ab. Drehen Sie den Geräuschpegel Ihrer Wünsche herunter. Bringen Sie den Lärm des Aufgeschobenen zum Schweigen. Machen Sie Ihr Leben still. In kleinen Schritten. Praktikabel. Erreichbar. Auch winzige Zeiten der Stille bringen letztlich insgesamt gesehen großen Lohn.

Was passiert, wenn wir still sind?

Wir werden offener für die Stimme Gottes. Gott spricht oft durch die Stille zu uns. Viele Christen suchen immer wieder bei den großen Veranstaltungen und Events nach der Stimme Gottes – in der wöchentlichen Predigt und in der Lobpreismusik im Gottesdienst, bei den großen Lobpreisveranstaltungen, auf Seminaren und Kongressen.

Aber Gott redet vielleicht auch in den kleinen, ganz unspektakulären Augenblicken zu Ihnen. Vielleicht kommt Ihnen in einer solchen Stille ein Name in den Sinn, und Sie wissen, dass Sie zu dieser Person hingehen und etwas wiedergutmachen oder sich entschuldigen müssen, weil Sie sie verletzt oder ihr Unrecht getan haben. Oder vielleicht kommt Ihnen in einer solchen Stille eine ganz konkrete Situation in den Sinn, für die Sie Vergebung in Anspruch nehmen sollten. Wenn es still ist, hören Sie vielleicht, wie die Stimme Gottes durch seine Schöpfung zu Ihnen sagt: „Ich liebe dich" (zum Beispiel durch einen atemberaubenden Sonnenuntergang, eine Blume oder eine Gebirgskulisse).

Mir ist klar, dass der Gedanke, dass Gott spricht, möglicherweise gewöhnungsbedürftig ist. Gottes Stimme ist zwar nicht akustisch wahrnehmbar - zumindest habe ich sie so noch nie gehört -, aber man kann sie erkennen. Wir nehmen sie wahr als eine sanfte Führung in unserem Leben, als konkreten Anstoß oder etwas, das man vielleicht als inneren Impuls bezeichnen könnte, den man mit dem Herzen wahrnimmt.

Gott ist nicht weit weg. Er kommuniziert mit uns durch seinen Geist. Er liebt uns so sehr, warum sollte er uns da nicht auch leiten wollen? In Johannes 16,13 steht, dass der Heilige Geist uns in alle Wahrheit führt. Diese Führung kann durch einen inneren Eindruck geschehen. Oder die Stimme Gottes wird in der Bibel erkennbar. Der Heilige Geist macht Sie vielleicht innerlich ganz offen, sodass Sie durch einen bestimmten Bibelvers persönlich angesprochen werden und ihn entsprechend umsetzen. Sie lesen so vor sich hin und plötzlich wird ein Wort oder ein

Vers für Sie auf ganz einzigartige Art und Weise besonders wichtig, völlig klar oder nachvollziehbar. Sie haben den Vers vielleicht schon tausend Mal zuvor gelesen, aber dieses Mal ist es anders. Sie wissen, der Vers ist jetzt ganz genau für Sie und für Sie allein. Ob das wohl Gottes Stimme sein könnte? Ich glaube schon.

Gott kommuniziert auch durch andere Menschen mit uns. Manchmal geschieht das ganz offensichtlich – wenn zum Beispiel der Pastor im Gottesdienst eine Predigt hält und Sie das Gefühl haben, er predigt für Sie ganz persönlich. Aber dann wieder ist Gottes Stimme auch sehr indirekt (und dadurch leicht zu überhören).

Einen meiner Lieblingsmomente mit Gott habe ich einmal erlebt, als ich in meiner Gemeinde predigen sollte. Es war kurz vor Gottesdienstbeginn. An diesem Tag war ich besonders gestresst und nervös. Ehrlich gesagt fühle ich mich ziemlich oft so, wenn ich predigen oder unterrichten soll. Auf dem Weg zur Kirche sprang ich noch schnell in einem Laden vorbei, um mir Halsbonbons zu kaufen, und als ich den Laden betrat, sah ich dort jemanden, von dem ich wusste, dass er gerade eine ziemlich schwere Zeit durchmachte. Ich war jedoch so beschäftigt mit meinen eigenen Dingen, dass ich nicht mit ihm reden wollte. Es ist mir ziemlich peinlich, es zuzugeben, aber ich schaute einfach in die andere Richtung und tat so, als hätte ich ihn nicht gesehen.

Als ich wieder in meinem Auto saß, hielt ich einen kurzen Augenblick inne und dachte darüber nach, was da eigentlich gerade passiert war, bevor ich schließlich meinen Weg zur Kirche fortsetzte (ich übte damals gerade die Schritte zum geistlichen Auftanken ein, die ich in diesem Buch vorstelle ...). Und dann kamen auch ganz schnell Schuldgefühle. Ich fühlte mich ertappt und überführt, die Chance vertan zu haben, mich um jemanden zu kümmern. Ich fragte mich, ob Gott mich wohl anstoßen wollte, noch einmal in den Laden zurückzugehen, den Bekannten dort zu suchen und mich für mein egoistisches Verhalten zu entschuldigen.

Aber dann passierte etwas Seltsames. Als ich so dasaß, empfand ich den starken Impuls, in meinem Auto sitzen zu bleiben. Es war keine hörbare Aufforderung, aber ich vernahm sehr klar die Worte: „Bleib hier ... Sei still." (Das geschah innerhalb von Sekunden, nicht Minuten.)

Als ich so in meinem Auto saß und ich mich fragte, ob diese Führung wohl noch etwas Weiteres beinhaltete, sah ich eine ältere Frau aus dem Laden kommen. Sie kämpfte mit ihren Einkäufen, einem von einem Dämon besessenen Einkaufswagen und ihrer Handtasche. Bevor sie ihr Auto erreichte, fiel ihr die Handtasche herunter, und der Inhalt kullerte in alle Richtungen. Es sah so aus, als käme all das zum Vorschein, was sie in den letzten 50 Jahren in ihre Handtasche gestopft hatte. Ich glaube, dass ich sogar Münzen aus der Zeit der Konföderierten aus der Tasche rollen sah. Ich stieg rasch aus meinem Wagen, fing an, ihre Sachen einzusammeln, und dachte: *Okay, Gott, deshalb sollte ich also noch bleiben*. Als ich der Frau ihre Habseligkeiten zurückgab, bemerkte ich, dass sie eine Halskette mit einem Kreuzanhänger trug. Wenn ich so eine Kette sehe, frage ich mich immer, ob die Eigentümerin oder der Eigentümer eigentlich weiß, was sein Schmuckstück bedeutet. Diese Frau nun sah mich mit ruhigem, dankbarem Blick an und sagte dann einen Satz, den ich nie vergessen werde: „Es wird schon alles gut gehen. Gott liebt Sie!“ Um sich selbst machte sie sich absolut keine Gedanken. Sie sagte zu mir, dass alles gut gehen würde, wo doch *sie* es war, die eigentlich hätte ausflippen müssen, weil ihre Handtasche ihr den Dienst versagt hatte. Vielleicht war es auch die Art, wie sie es sagte, die Ruhe und Weisheit in ihrer Stimme - ich wünschte, ich könnte zu Papier bringen, mit welcher Melodie sie diesen Satz sagte.

Gott setzte diese goldige Heilige ein, um mir zu sagen: *Es wird schon alles gut gehen, Doug. Ich liebe dich.*

Diese Worte waren für mich gewesen. Ich habe immer mit Angst und Stress zu kämpfen, wenn ich in meiner Gemeinde predigen muss, und ich hasse diesen Kampf. Aber Gott suchte sich genau diesen Umstand aus, damit ich seine Stimme hörte. Jetzt konzentriere ich mich jedes Wochenende, wenn ich auf die Kanzel steige, um zu predigen, auf diese Worte. Wenn ich mich angespannt, unfähig und ängstlich fühle, dann rufe ich mir die Worte wieder in Erinnerung, die Gott mir durch diesen zarten, tollpatschigen Boten übermittelt hat.

Es wird schon alles gut gehen. Gott liebt dich.

Ich weiß, dass dieser Satz direkt von Gott kam.

[Die Stille, die man nicht hört]

Ein(e)s meiner Lieblingsbeispiele dafür, wie man die Stimme Gottes hören kann, ist im Alten Testament bei einem Propheten namens Elia zu finden. Elia hatte eine Menge unglaublicher Dinge im Auftrag Gottes getan, aber eines Tages bekam er Angst und wurde von dieser Angst so überwältigt, dass er versuchte davonzulaufen. Nachdem er einem bösen König getrotzt, falsche Propheten niedergemetzelt und dann einen Marathon absolviert hatte, um sein Leben zu retten, fand Elia sich in der Wildnis wieder und betete verzweifelt zu Gott. Und sein Gebet wurde erhört. Gott hörte Elia, stärkte seinen Körper und führte ihn dann auf einen Berggipfel, um dort zu ihm zu sprechen. Aber die Stimme Gottes kam auf eine Weise, wie Elia es niemals vermutet hätte.

> *Der Herr sprach: Geh heraus und tritt hin auf den Berg*
> *vor den Herrn! Und siehe, der Herr wird vorübergehen.*
> *Und ein großer, starker Wind, der die Berge zerriss*
> *und die Felsen zerbrach, kam vor dem Herrn her;*
> *der Herr aber war nicht im Winde.*
> *Nach dem Wind aber kam ein Erdbeben;*
> *aber der Herr war nicht im Erdbeben.*
> *Und nach dem Erdbeben kam ein Feuer;*
> *aber der Herr war nicht im Feuer.*
> *Und nach dem Feuer* kam ein stilles, sanftes Sausen.

Als das Elia hörte, verhüllte er sein Antlitz mit seinem Mantel und ging hinaus und trat in den Eingang der Höhle.

1. Könige 19,11–13
(LÜ; Hervorhebung durch den Autor)

So stelle ich mir Gottes Stimme gern vor. Seine Stimme war nicht im Lärm zu finden. Nicht im Brüllen des Windes. Nicht im Prasseln des Feuers. Nicht im Chaos des Erdbebens. Sie kam ausdrücklich als ein sanftes Sausen.

Ich frage mich oft, wie häufig ich wohl schon Gottes an mich ganz persönlich gerichtetes Flüstern überhört habe, weil es in meinem Leben zu laut war. Wie ist das bei Ihnen? Könnte es sein, dass der Lärm auch bei Ihnen die Stimme Gottes übertönt?

Wenn ja, dann möchte ich Ihnen ein paar ganz praktische Gedanken dazu mitteilen, was es bedeutet, still zu sein. Wir sind real existierende Menschen, die in einer real existierenden modernen Welt mit Verkehrsstaus, Fußballtraining der Kinder und einer wahren Informationsflut leben. Wir können es aber selbst in einer lauten Umgebung schaffen, still zu werden, und es lernen, auf die Stimme Gottes zu hören.

Ich möchte Ihnen Mut machen, einmal so weit wie möglich alle Störfaktoren in Ihrem Leben auszuschalten – jedenfalls für bestimmte Zeiten im Laufe Ihres Tages, aber auch als langfristigere Strategie.

In der Bibel wird ja immer wieder eine geistliche Übung erwähnt: das Fasten. Damit ist der zeitweise Verzicht auf feste Nahrung gemeint. Zu fasten bedeutet, vorübergehend auf Essen zu verzichten, um Zeit mit Gott zu gewinnen. Die Übung des Fastens ist dazu gedacht, den Fokus zu verändern. Wie wäre es dann einmal mit einem Lärm-Fasten? Schalten Sie das Radio aus, den Fernseher, den Computer - alles Störende, Laute. Versuchen Sie es zunächst einmal nur für eine Stunde. Kein Fernsehen, kein Radio, keine Zeitung, kein Internet. Schauen Sie mal, was dann passiert ... Wahrscheinlich werden Sie es unbeschadet überstehen. Wenn Sie eine Stunde lang die Stille überlebt und gemerkt haben, dass etwas anders ist als vorher, versuchen Sie es noch einmal. Tun Sie das immer wieder. Schauen Sie, was passiert. Trainieren Sie sich sozusagen das Bedürfnis nach Stille an, und greifen Sie sofort zu, wenn sich Ihnen die Chance zur Stille bietet.

Versuchen Sie, hin und wieder Ihr Handy auszuschalten. Ich habe es mir beispielsweise angewöhnt, mein Handy bei allen Mahlzeiten auszuschalten. Angeregt dazu hat mich ein Freund, der mir sagte: „Bist du dafür, dass sich die Erde weiterdreht, so unentbehrlich, dass du nicht dein Handy ausschalten kannst und zu bestimmten Zeiten am Tag einfach nicht erreichbar bist? Schalte doch einfach den Anrufbeantworter ein. Du musst nicht immer erreichbar sein." Und recht hat er.

Sie wünschen sich ein ruhigeres Leben? Dann ist Folgendes ausgesprochen hilfreich: der „Ausschalter".

Überlegen Sie sich einmal eine Möglichkeit, ihn zu betätigen - welches elektronische Gerät auch immer Lärm macht und ihre Aufmerksamkeit fordert – schalten Sie es zumindest gelegentlich aus. Ich sage ja gar nicht, dass Sie wie die Amischen werden und zukünftig auf Elektrizität verzichten sollen, aber ich weiß aus Erfahrung, dass der Wunsch nach einem ruhigeren Leben oft drastische Maßnahmen erfordert. Vielleicht ist da sogar mehr nötig, als nur während der Mahlzeiten das Telefon auszuschalten. Hier ein paar weitere Minischritte, die vielleicht nicht ganz so schmerzlich sind, wie ihre telefonische Erreichbarkeit einzuschränken.

[•] Lernen Sie es, ohne Nebengeräusche (Fernseher oder Radio) einzuschlafen.
[•] Schalten Sie das Radio aus, wenn Sie ins Auto steigen (wenigstens manchmal).
[•] Lassen Sie sich von einem Wecker wecken statt von einem Radio, das einfach weiterdudelt, während Sie sich anziehen.
[•] Erledigen Sie Ihre Hausarbeit ohne elektronische Hintergrundgeräusche.
[•] Machen Sie einen Spaziergang ohne MP3-Player.
[•] Richten Sie bei sich zu Hause einen lärmfreien Raum ein oder planen Sie eine lärmfreie Zeit im Laufe des Tages.

Das können Sie schaffen, jetzt sofort, in diesem Augenblick. Ich weiß, dass Sie es können. Nehmen Sie sich fünf Minuten Zeit, um Ihr Leben anzuhalten. Gehen Sie nicht zur nächsten Aufgabe weiter. Seien Sie jetzt bewusst still. Gehen Sie in einen anderen Raum. Gehen Sie nach draußen, wenn es sein muss. Stöpseln Sie keine Ohrhörer ein. Nehmen Sie nicht die Zeitung zur Hand und zappen Sie nicht im Fernsehprogramm herum. Wenden Sie Ihre Gedanken bewusst weg von den Ablenkungen des Tages und richten Sie Ihren Sinn auf Gott.

Wenn Sie nichts hören, dann seien Sie nun bereit, mit Gott in Verbindung zu treten.

Kapitel 5

[Stellen Sie eine Verbindung her]

Meine älteste Tochter Torie hat mir das Herz gebrochen, weil sie zu Hause aus- und in ein Studentenwohnheim eingezogen ist. Ich freue mich sehr für sie, bin aber gleichzeitig traurig. Ihr Auszug war eine größere Umstellung, als ich jemals gedacht hätte. Sie fehlt mir so! Mit ihrer Abwesenheit klarzukommen, wird allerdings wesentlich einfacher dadurch, dass wir durch das Schreiben von SMS in Verbindung bleiben. Obwohl die Nachrichten kryptisch sind, ist das gerade genug Kontakt, um mich innerlich mit ihr verbunden zu fühlen.

Sie kennen sicher auch die Abkürzungen, die beim Chatten oder in SMS-Nachrichten verwendet werden, „hdl“ zum Beispiel für „hab dich lieb“ oder „hdgdl“ für „hab dich ganz doll lieb“. Auf der winzigen Handytastatur ist nicht viel Platz, also wird alles schneller, komprimierter und schludriger. Heute habe ich mir zehn Sekunden Zeit genommen, um meiner Tochter eine SMS mit den Worten „Psalm 18,30“ zu schicken. Torie schrieb zurück: „Danke. Hab dich lieb, Papa!“ Ihr Text hinterließ bei mir einen unmittelbaren inneren Eindruck. Ich weiß nicht einmal, ob sie sich die Zeit genommen hat, den Bibelvers nachzuschlagen, viel wesentlicher war, dass sie mit mir in Kontakt getreten ist und wir in Verbindung waren. Manchmal fragt meine Frau: „Hast du heute mit Torie gesprochen?" Dann sage ich: „Ja, sie hat eine Zwei in ihrer Psychologie-Klausur und lernt heute zusammen mit Lindsey bei Denny zu Hause, und dann geht sie mit Delia zu einem Basketballspiel. Es geht ihr offenbar blendend." Normalerweise fragt Cathy dann noch einmal nach: „Wann hast du denn mit ihr gesprochen?" Dann muss ich zugeben, dass ich gar nicht mit ihr gesprochen habe, sondern wir nur SMS geschrieben haben. Diese verrückte Erfindung ermöglicht es uns, gefühlsmäßig in Verbindung zu bleiben, ohne dass wir dabei zu hören sind.

Wenn sich jemand mit diesen Minimalkontaktmethoden auskennt, dann unsere Generation. Wir sind ständig mit anderen verbunden – durch E-Mails, SMS, Skype, Twitter, Handys ... Mit anderen in Verbindung zu sein, ist ein integraler Bestandteil dessen, wer wir sind.

Ganz ähnlich kann man auch die Seele durch kurze, aber intensive Kontakte auftanken. Gott beurteilt nicht die Art der Verbindung mit ihm. Es ist in Ordnung, wenn unser Kontakt zu ihm manchmal chaotisch oder nur sehr kurz ist. Er liebt es, mit uns in Verbindung zu sein ... Mit uns Kontakt zu haben, macht ihm Freude.

Um es noch einmal deutlich zu machen: Ich befürworte eine Reihe kleinerer Pausen an jedem Tag, in denen Sie anhalten, still werden und mit Gott in Kontakt treten. Es soll gar nichts Großartiges sein – bitte keine Gewaltakte. Kein Aufstehen um vier Uhr morgens, stundenlanges Beten und Bibellesen. Es geht einfach nur um das kleine, tägliche Bröckchen „Auftankkontakt“, damit Ihr geistlicher Tank gefüllt bleibt. Gott selbst ist es, der Sie geistlich auftankt, und wenn Sie mit einem vollen geistlichen Tank leben, dann können Sie die Fülle des Lebens erfahren, die Gott versprochen hat.

[Ein chaotischer Glaube]

Die Fülle des Lebens zu haben, die Gott sich für uns wünscht, bedeutet nicht, dass dieses Leben immer perfekt sein muss. Wir sind nicht perfekt, aber durch unsere Verbindung zu Gott bewegen wir uns in Richtung Beständigkeit – in Richtung eines beständigen Glaubens, in dem durchaus auch chaotische Elemente enthalten sind.

Gott erkennt unser Durcheinander und gibt uns sein erstaunliches Geschenk, das Gnade heißt. Gnade räumt ein, dass es in unserem Leben hin und wieder Zeiten gibt, in denen wir Dinge tun und sagen, die unangemessen sind. Gnade weiß darum, dass wir manchmal die Verbindlichkeit eines geistlichen Lebens nicht durchhalten können. Gnade weiß, dass wir die Geduld verlieren, dumme Fehler machen und schlechte Gedanken haben.

Solche Erkenntnisse können sehr belastend sein, wenn man geistliche Perfektion von sich erwartet. Versagen und Scheitern wollen uns nämlich glauben machen, dass man als Christ nicht gut genug ist und Gott unmöglich Interesse daran haben kann, mit jemandem Kontakt zu haben, der dauernd nur alles vermasselt.

Dabei ist doch die Tatsache, dass wir es immer wieder einmal vermasseln, genau der Grund, weshalb wir auf Gottes Gnade so angewiesen sind.

Auch der Apostel Paulus hat ein Leben geführt, in dem oft ein großes Durcheinander herrschte. Er sagt über sich selbst: „Ich tue nicht, was ich will, sondern was ich hasse, das tue ich“ (siehe Römer 7,15–19). Zum Glück weiß die Bibel auch von anderen chaotischen Leuten wie Paulus zu berichten. Die Fehler und Macken biblischer Helden sind zum Glück nicht aus der Bibel wegredigiert worden. Nur Prediger redigieren Fehler und Macken heraus. So erfahren wir zum Beispiel von Noahs Glauben, seinem Mut und seiner Stärke, wir lesen, wie er irgendwo in der Pampa die Arche baute und Gott von ganzem Herzen nachfolgte. Er war gehorsam! Aber lesen Sie mal weiter. Der peinliche Teil steht in 1. Mose 9,20–27. Als Noah das Schiff verlassen hatte, pflanzte er einen Weinberg, trank Wein, bis er schließlich betrunken war, war irgendwann nackt ... und dann wird die ganze Geschichte ziemlich unschön, wie Sie nachlesen können.

Noah war ein Vorbild für Treue? Auf jeden Fall! Die Bibel offenbart, dass auch die Starken und Treuen ihre schlechten Seiten haben. Alle Gestalten der Bibel tragen eine vielschichtige Mischung aus Stärken und Schwächen in sich – genau wie Sie und ich.

Um an dieser Stelle Missverständnissen vorzubeugen: Die Tatsache, dass es die Schattenseiten in unserem Leben gibt, heißt nicht, dass Gott sein Okay zu unseren Fehlern, zu unserem sündhaften Inneren und zu einem unbiblischen Lebensstil gibt. Das ist mit dem Geschenk der Gnade nicht gemeint. Gott billigt unsere dunklen Seiten nicht, sondern er tilgt sie. Gott ermutigt uns nicht, es zu vermasseln, sondern er rettet uns. Das ist das eigentliche Geschenk der Gnade! Gott nimmt all das Durcheinander und verwandelt im Laufe der Zeit unsere Unordnung in Heiligkeit. Gott will nicht nur an unseren Manieren feilen, sondern er will unser ganzes Wesen verändern. Der Verfasser des Hebräerbriefes bringt es auf den Punkt: „Nach diesem Willen sind wir geheiligt ein für alle Mal ..." (Hebräer 10,10; LÜ).

Durcheinander ist das Wort, das ich gern benutze, um den Hintergrund für den starken, vollmundigen theologischen Begriff der *Heiligung* zu erklären. Heiligung ist ein schönes Geschenk, durch das wir mit Vollmacht ausgestattet werden. Und wenn man es genauer betrachtet, sagt Gott uns durch dieses Geschenk: „Ich liebe dich. Ich liebe dich so sehr, dass ich nicht möchte, dass du so bleibst, wie du bist. Und weil ich dich liebe, werde ich deine Unordnung in etwas Wunderschönes verwandeln." Den Ausgangspunkt und Kern dieser Gedanken können Sie in 2. Korinther 3,18 (Hfa) nachlesen:

Der Herr verändert uns durch seinen Geist, damit wir ihm immer ähnlicher werden und immer mehr Anteil an seiner Herrlichkeit bekommen.

Wenn wir verstehen, was Gott in unserem Leben tun möchte, wie er uns haben möchte und wie er mit uns in Verbindung treten und unsere Unordnung in Heiligkeit verwandeln möchte – dann kann uns das näher zu ihm ziehen. Weil ich weiß, was Gott sich für mich wünscht, bin ich hochmotiviert, mit ihm in Kontakt zu treten und diesen Kontakt auch aufrechtzuhalten.

[Wenn wir mit Gott in Verbindung treten]

Wenn Sie das Gefühl haben, Ihr geistliches Leben ist ziemlich durcheinandergeraten, dann kann ich Sie trösten: Sie sind damit nicht allein! Ich hoffe, Sie haben beim Lesen immer wieder gemerkt, dass es mir darum geht, das deutlich zu machen. Setzen Sie es sich trotz des Chaos in Ihnen immer wieder zum Ziel, mit Gott in Kontakt zu treten. Halten Sie an, werden Sie still und treten Sie in Verbindung mit ihm.

Wie kann nun so ein Kontakt aussehen? Ich fange mal etwas allgemeiner an und werde dann in einigen Bereichen noch ein bisschen konkreter. Das, was Sie tatsächlich tun, um mit Gott in Kontakt zu treten, ist längst nicht so wichtig wie Ihre innere Haltung, die Sie dabei einnehmen. Sie nehmen mit Gott eine Verbindung auf, indem Sie anerkennen, wer er ist – ein großer König. Sie kommen mit Ehrfurcht, Respekt und Bewunderung vor Gott. Sie nähern sich ihm mit Zuversicht und in dem Wissen, dass er sich für Sie interessiert und dass Sie die Gnade empfangen, die Sie brauchen (vgl. Hebräer 4,16).

Wenn Sie mit Gott in Kontakt treten, dann denken Sie dabei an folgende Schritte:

[Danken Sie Gott, dass Sie noch „in Arbeit" sind]

Wenn wir mit Gott in Kontakt treten, dann tun wir das in dem Wissen, dass wir nicht vollkommen sind – nur Gott ist es. Er weiß genau, wie chaotisch es oft in uns aussieht, und er weiß auch, dass wir noch „in Arbeit" sind, ein unfertiges Werk also. Eine angemessene, ja perfekte Reaktion auf diese Tatsache ist Dankbarkeit.

Ich bin so dankbar, dass ich nicht unter ein geistliches Gesetz falle, das Ähnlichkeit mit den „Three Strikes" im kalifornischen Strafrecht hat. Dieses Gesetz besagt nämlich: Wenn man drei Mal von einem Gericht verurteilt wird, dann wandert man lebenslänglich ins Gefängnis – egal, um welche Vergehen es sich dabei handelt. Können Sie sich vorstellen, was wäre, wenn Gott dieses Gesetz bei Ihnen anwenden würde? Sie könnten nicht mehr in den Himmel kommen, wenn Sie drei Mal nicht nach dem Willen Gottes gelebt hätten. Dann wären alle Kirchen auf dieser Welt leer. In dem Bundesstaat, in dem ich lebe, gelten die „Three Strikes", und man bekommt das, was man verdient hat – das Gesetz. Aber im Reich Gottes bekommt man nicht das, was man eigentlich verdient hätte, sondern man bekommt Gnade.

Erinnern Sie sich noch an den alten Sticker mit der Aufschrift: „Bitte haben Sie Geduld. Gott ist noch nicht fertig mit mir"? Das ist mehr als eine Floskel. Das ist gute Theologie. Gott ist noch nicht fertig mit Ihnen. Ihr neues Leben beginnt mit Christus (vgl. 2. Korinther 5,17), und dieses Leben bleibt so lange in Arbeit, bis es irgendwann vollendet ist (Philipper 1,6).

Gott arbeitet an unserem Leben und die Arbeit an diesem „Projekt" wird vielleicht nicht einmal mehr zu unseren Lebzeiten – hier auf der Erde – abgeschlossen. Es wird immer Bereiche in unserem Leben geben, an denen Gott gerade arbeitet. Aber jedes Mal, wenn wir eine positive Veränderung an unserem Wesen bemerken, dann können wir Gott dafür danken, dass wir „in Arbeit" sind.

[Vertrauen Sie Gott in Ihrer Unfertigkeit]

Sie und ich sind unfertig! Vielleicht gefällt Ihnen die Tatsache nicht, dass Gott in Ihrem Leben nicht schneller wirkt, oder nicht so, wie Sie es sich vorstellen. Aber wenn Sie mit Gott in Kontakt treten, dann vertrauen Sie darauf, dass er einen Plan für Sie hat. Sie sind für ihn Chefsache. Vertrauen Sie darauf, dass Gott wirkt, inmitten Ihres Alltags, der voller Ängste, Zweifel, Fragen, Versagen, Unzulänglichkeiten, Schmerz, Einsamkeit, Zorn, Frust und Verlust ist. Trotz Ihres Versagens dürfen Sie darauf vertrauen, dass Gott, der das gute Werk in Ihnen angefangen hat, es auch vollenden wird. Lesen Sie einmal, was Paulus schreibt:

> *Deshalb bin ich auch ganz sicher, dass Gott sein Werk, das er bei euch begonnen hat, zu Ende führen wird, bis zu dem Tag, an dem Jesus Christus kommt.*
>
> Philipper 1,6 (Hfa)

Gott hat, was sein Wirken hinter den Kulissen angeht, trotz all der chaotischen Zustände, in denen wir leben, eine wundervolle Erfolgsbilanz zu verzeichnen. Wenn Sie den ersten Korintherbrief lesen, dann werden Sie dort einem Haufen von Menschen begegnen, die Jesus nachfolgen, aber in inzestuöse Beziehungen verwickelt sind, in üble Gerichtsprozesse, Scheidung und Götzendienst; Sie werden dort Menschen mit einem aufgeblähten Ego treffen und Leute kennenlernen, die sich doktrinären Grabenkämpfen hingeben oder in Eifersucht, Promiskuität und Trunkenheit beim Abendmahl verstrickt sind. Das ist Gemeinde. Unglaublich, oder? (Können Sie sich vorstellen, dass so etwas im Schaukasten Ihrer Gemeinde steht?) Trotzdem fand damals in Korinth, inmitten all dieser Unfertigkeiten, geistliches Wachstum statt.

Die Korinther hatten offenbar keine Angst vor Unvollkommenheit und Gott fürchtet sich auch nicht davor. Schließlich war er so entspannt, dass er zwölf unfertige Jünger zurückließ (von denen einer sich selbst erledigte – wo wir gerade beim Stichwort „Unvollkommenheit" sind ...). Als Jesus am Kreuz starb, waren die Jünger völlig durcheinander, von Angst und Zweifeln geplagt. Ihre Zukunft sollte nun darin bestehen, etwas zu Ende zu bringen. Und trotz ihrer Unvollkommenheit, trotz des Durcheinanders, in dem sich der bunte Haufen der Jesusnachfolger befand, setzte Gott sie ein, um eine Kirche zu gründen, die auch über zweitausend Jahre später noch die Welt auf den Kopf stellt.

Wenn ich an Unfertigkeit und Unvollkommenheit denke, stelle ich mir immer den Spaß-Wettlauf vor, an dem ich jedes Jahr an Thanksgiving teilnehme. Das Rennen heißt Turkey Trot – Truthahn-Trab (also eigentlich renne ich dabei nicht, sondern ich jogge, rennen würde ja bedeuten, schnell zu sein).

Beim Turkey Trot ist alles erlaubt. Die Teilnehmer des

Rennens verkleiden sich mit allen möglichen verrückten Kostümen. Im Laufe des etwa zehn Kilometer langen Rennens treffe ich den Nikolaus, der ein Bierfass vor sich herrollt, eine Frau, die als Elvis verkleidet ist, ältere Mitbürger, die als Rentiere mit„rennen", einen alten Mann, der seine Hose bis unter die Achseln gezogen hat, sodass es einfach nur zum Schreien ist, und viele weitere merkwürdige Gestalten. Es ist absolut verrückt, aber ich liebe diesen Turkey Trot!

Dieser Lauf ist für mich ein wunderbares Bild für die Merkwürdigkeiten, Verrücktheiten und das Durcheinander, mit dem wir oft zu tun haben, ein Bild für das Unterwegssein. Ja, der Truthahn-Trab hat verblüffende Ähnlichkeiten mit meinem Leben ... das oft recht seltsam, verrückt, gelegentlich krass und unschön, durcheinander und eben – ein Weg ist. Und während ich mich so durchs Leben bewege, tue ich das im Vertrauen darauf, dass Gott mit seiner Arbeit an mir noch nicht fertig ist. Und mit Ihnen, glauben Sie mir, ist er auch noch nicht fertig.

[Folgen Sie Gott mit Treue nach]

Gott treu nachzufolgen, das ist unser Anteil am Verwandlungsprozess, durch den Gott uns führen will. Aber letztlich ist er es, sein Geist und seine Macht, die uns verändern. Gott verwandelt unser Durcheinander in Heiligkeit. Doch stets lässt er uns die Freiheit; wir haben eine Wahl, können Entscheidungen treffen. Wir können uns entweder dafür entscheiden, dem Willen und dem Weg Gottes zu folgen oder aber beides abzulehnen. Gottes Anteil besteht darin, zu verändern. Die Willensfreiheit, die Freiheit, Veränderung zuzulassen, liegt bei uns. Uns steht es frei, mit Gott zu kooperieren. In 3. Mose 20,7–8 (LÜ) finden wir die Grundlage für das, worin unser Anteil besteht:

Darum heiligt euch und seid heilig; denn ich bin der Herr euer Gott. Und haltet meine Satzungen und tut sie; ich bin der Herr, der euch heiligt.

Für diesen dritten Schritt habe ich ganz bewusst den Begriff *nachfolgen* gewählt. Ich mag dieses Wort so gern, weil es einen Wunsch zum Ausdruck bringt. Ohne diesen Wunsch ist unser Tun auf das Erledigen von Pflichten reduziert und hat nichts mit echtem Gehorsam zu tun. Ein Leben, das aus geistlicher Pflichterfüllung besteht, führt zu Apathie, zu einer auf Leistungsdenken beruhenden Religiosität, zu einem von aller persönlichen Überzeugung abgespaltenen Glauben.

Stellen Sie sich die Nachfolge als den *Wunsch* vor, nah bei Gott zu sein. Wenn wir uns das Leben Jesu anschauen, dann erkennen wir, dass Jesus immer auf diesen Wunsch, diese Sehnsucht reagiert hat – Menschen unterbrachen ihn, schrien ihn an, berührten ihn im Vorbeigehen und seilten sich durch das Dach nach unten ab, um zu ihm zu gelangen. Sie wollten in seine Nähe, koste es, was es wolle. Vielleicht haben Sie das auch schon erlebt.

Gott interessiert sich viel mehr für unsere Sehnsucht, mit ihm in Kontakt zu treten, als für unsere unvollkommenen Methoden, um das zu erreichen.

Was die Methoden betraf, waren die Pharisäer ausgesprochen kompetente Leute. Aber Jesus warf ihnen vor, Schauspieler zu sein (vgl. Matthäus 23,5.28). Gott ist in der Lage, durch das Unvermögen eines Menschen hindurch direkt in sein Herz zu schauen, in dem zwar Unordnung herrschen mag, das aber von einer großen Sehnsucht erfüllt ist.

Ganz am Anfang meiner Beziehung zu meiner Frau Cathy fragte sie mich, ob ich gern tanze. Ohne groß nachzudenken, antwortete ich wie aus der Pistole geschossen: „Ja, klar!" Ich reagierte meiner Sehnsucht entsprechend, statt die Wahrheit zu sagen. Ich hatte natürlich keine Ahnung vom Tanzen. Das, was bei mir einem Tanzschritt am nächsten kam, war der Schritt, den ich tat, um beim Baseball einen flachen Ball zu fangen – um dann elegant auf die Nase zu fallen. Aber das machte nichts. Die faszinierende Cathy Guiso fragte mich, ob ich tanzen könne. Sie hätte mich auch fragen können, ob ich mir gerne Chilisaft in die Augen träufle, und ich hätte geantwortet: „Absolut – auf jeden Fall. Das sind sogar meine Lieblingsaugentropfen." Weil ich einen solchen intensiven Wunsch hatte, diese schöne Frau kennenzulernen, fing ich an, mir Dinge zum Ziel zu setzen, von denen ich wusste, dass ich sie keinesfalls ohne große Mühe bewältigen kann (tanzen, nicht in der Öffentlichkeit rülpsen und noch ein paar Sachen mehr ...). Es ist erstaunlich, was ein einziger Wunsch alles bewirken kann!

[In Kontakt treten: Wie geht das konkret?]

Das Paradoxe dieses Buches besteht darin, dass ich versuche, Sie dazu zu bringen, sich auf eine ganz einfache Formel einzulassen – anhalten, still werden, mit Gott in Kontakt treten. Aber mit Gott in Verbindung zu treten hat so gar nichts Formelhaftes an sich, sondern es geht dabei um eine *Beziehung*. Deshalb vorweg noch einmal in aller Deutlichkeit: Das, was ich vorschlage, ist nichts Starres, Rigides. Es handelt sich dabei nicht um Schritte, die bewertet oder benotet werden.

Wenn ich persönlich mit Gott in Kontakt trete, dann habe ich dafür keinen festgelegten Ablauf. Als ich gerade Christ geworden war, habe ich immer versucht, mindestens ein Kapitel in der Bibel zu lesen oder mindestens eine Viertelstunde zu beten. Damals dachte ich, das sei die einzige Möglichkeit aufzutanken. Das Tragische daran war, dass dadurch so viele Schuldgefühle und Versagensängste ausgelöst wurden, wenn ich es nicht schaffte. Heute gehört es normalerweise zu den „Grundbestandteilen" meines Kontaktes mit Gott, dass ich bete und in der Bibel lese. Ich empfinde aber nicht mehr den Druck, eine bestimmte Menge zu lesen oder für alle Anliegen beten zu müssen, die auf meiner Gebetsliste stehen. Heute ist meine Verbindung mit Gott sehr viel flexibler. Ich lese im Wort Gottes, und zwar manchmal in der Bibel, die ich zu Hause benutze, manchmal in der, die ich auf der Arbeit habe, und manchmal auch in der, die auf meiner Lieblingstoilette liegt (ja, ganz richtig, ich habe eine Lieblingstoilette). Dann wiederum lese ich Verse, die ich mir auf kleinen DIN-A6-Karteikärtchen notiert habe und im Auto aufbewahre, um sie zu lesen, wenn ich an roten Ampeln warten muss. Oder ich lese die Liste meiner „Lieblingsverse" durch, die ich irgendwann mal abgetippt habe und in meinem Tagebuch aufbewahre. Und ein anderes Mal konzentriere ich mich ganz auf das Wort Gottes, indem ich mir Verse in Erinnerung rufe, die ich irgendwann auswendig gelernt habe. Ich liebe Gottes Wort und möchte es so oft in mich aufnehmen, wie ich kann. Aber dabei setze ich nicht nur auf eine Methode.

Übrigens brauchen Sie auch nicht jedes Mal Ihre Bibel aufzuschlagen, wenn Sie mit Gott in Kontakt treten. Ich treffe immer wieder Menschen, die Schuldgefühle haben, weil sie in ihren Zeiten mit Gott nicht in der Bibel lesen. Es ist ganz sicher eine gute Angewohnheit, es zu tun, aber soweit ich mich erinnere, wurde die Druckerpresse erst im Jahre 1440 erfunden. Das heißt, dass viele Brüder und Schwestern vor uns überhaupt kein Exemplar des Wortes Gottes besaßen. Sie konnten nicht jeden Tag darin lesen oder wenn ihnen danach war. Dieser Umstand machte sie aber noch lange nicht zu schlechten Christen.

Ich habe herausgefunden, dass der einfachste Weg, mit dem Bibellesen anzufangen, darin besteht, ein Buch der Bibel herauszusuchen und dann einen kurzen Abschnitt (ein Kapitel oder weniger) daraus zu lesen. Lesen Sie langsam. Versuchen Sie, ein paar Verse zu lesen – und diese mehrmals hintereinander. Lesen Sie nicht so schnell wie möglich, sondern so intensiv wie möglich. Meditieren Sie oder konzentrieren Sie sich auf einen bestimmten Vers.*

Vielleicht erreicht Sie das Wort Gottes auf eine Weise, wie Sie es nie für möglich gehalten hätten. Es gibt eine ganze Reihe toller Podcasts oder ganzer Hörbibeln, die man sich auf den iPod oder den Computer herunterladen kann. Viele Pastoren lassen auch ihre Predigten und Bibelarbeiten aufnehmen, sodass man sie sich hinterher online oder auf CD noch einmal anhören kann.**

Ich möchte Sie ermutigen, alle sich bietenden Möglichkeiten zu nutzen, das Wort Gottes in sich aufzunehmen und in Ihrem Herzen zu bewegen. Ich persönlich liebe die folgenden Worte aus Psalm 119,11, die wunderbar be-

---

* Wenn Sie mehr davon erfahren wollen, wie man meditativ bzw. kontemplativ die Bibel lesen und beten kann, dann schauen Sie doch mal in das Buch oder in die DVD „Komm in die Stille. Den Segen des hörenden Gebets neu entdecken“ von Amy & Judge Reinhold (Hrsg.), Gerth Medien 2009.

** Audio-Bibeln und Hör-Predigten findet man zum Beispiel unter www.sermon-online.de (Predigtdatenbank).

schreiben, wie sich die Beschäftigung mit der Bibel auf unser Leben auswirkt:

> *Ich behalte dein Wort in meinem Herzen, damit ich nicht wider dich sündige.*

Und was ist mit dem Gebet? Ich persönlich bete eigentlich den ganzen Tag über, und zwar überall – wenn ich mich mit dem Auto in den Verkehr stürze, wenn ich mir am Morgen ein Hemd anziehe, wenn ich in einer Schlange vor der Supermarktkasse stehe, wenn ich mich abmühe, einen Satz zu Papier zu bringen, oder wenn ich auf dem Weg zur Arbeit bin. Die Möglichkeiten, wie und wo man mit Gott in Verbindung treten kann, sind unbegrenzt.

Das Schöne am Gebet ist, dass man mit Gott über alles reden kann, was einem gerade in den Sinn kommt. Beten Sie für Ihre Freunde, Ihre Familie, für Ihre Arbeitssituation, für Ihre Kinder in der Schule. Vielleicht möchten Sie Ihr Gebet auch aufschreiben, damit Sie bewusster und auch konkreter beten können. Oder Sie richten auf Ihrem Computer einen Ordner ein, in dem Sie Ihre aufgeschriebenen Gebete speichern. Lesen Sie sich diese Gebete immer wieder durch.

Eine weitere Möglichkeit, mit Gott in Kontakt zu treten, besteht darin, einfach an ihn zu denken. Nachdem Sie also Ihre Gedanken, Ihre Arbeit für einen Moment angehalten haben und still geworden sind, denken Sie einfach an Gott. *Wer ist Gott?* (Vorsicht: Manchmal kann es ein paar

Minuten dauern, bis alle Ihre Gedanken an die innere To-do-Liste zum Schweigen gebracht sind.) *Was weiß ich über Gott?* Gott ist gut. Gott liebt mich. Gott ist mächtig. Gott hat das Universum geschaffen. Hören Sie auf die Gedanken, die Ihnen kommen. Hören Sie auf alle Gedanken … nicht nur auf die ersten, die Ihnen in den Kopf steigen.

Hier ein paar konkrete Ideen, die Ihnen vielleicht helfen, mit Gott in Kontakt zu treten:

[•] Schreiben Sie ein paar Ihrer Lieblingsbibelverse auf kleine Karteikärtchen, und deponieren Sie sie an Stellen, wo Sie sich hin und wieder aufhalten müssen oder vorbeikommen (z. B. im Auto, in der Sockenschublade, auf dem Küchentisch, in der Nähe der Zahnbürste etc.).

[•] Legen Sie sich eine Bibel ins Bad neben die Toilette. Im Ernst. Sie lesen dort doch auch Zeitschriften, oder? Wieso dann nicht auch das Wort Gottes? Glauben Sie, es ist Gott peinlich, wenn Sie auf die Toilette müssen? Äh nein … er hat Sie schließlich so geschaffen.

[•] Entwickeln Sie geistliche Gewohnheiten, die in den Ablauf Ihres ganz normalen Alltags passen. Wenn Sie beispielsweise morgens aus dem Bett steigen, halten Sie kurz inne, und danken Sie Gott für den neuen Tag und dafür, dass Sie am Leben sind. Wenn Sie unter die Dusche gehen, danken Sie Gott, dass er seine Gnade und Gegenwart auf Sie und Ihr Leben regnen lässt. Gewöhnen Sie es sich an, Gott für Ihre Familie zu danken, wenn Sie ins Auto steigen. Versuchen Sie, im Laufe Ihres ganz normalen Alltagstrotts auf diese Weise immer wieder kurz in Kontakt mit ihm zu treten. Überlegen Sie sich doch mal Ihre eigenen, ganz persönlichen „Kontaktpunkte“, hier ein paar Anregungen von mir:

Beim Schuheanziehen: Danken Sie Gott dafür, dass er Sie auf Ihrem Weg leitet.

Beim Warten vor einer roten Ampel: Danken Sie Gott dafür, dass er Ihre Gebete hört. Er kann sie mit einem „Ja“ (grünes Licht), mit einem „Nein“ (rotes Licht) oder einem „Warte“ (gelbes Licht) beantworten.

Beim Warten in einer Schlange im Supermarkt: Denken Sie daran, dass Sie nicht warten müssen, um Zugang zur Gegenwart Gottes zu bekommen. Durch den Heiligen Geist ist er immer bei Ihnen.

Beim Trinken: Denken Sie daran, dass Jesus versprochen hat, Ihnen Wasser zu schenken, durch das Sie nie wieder Durst bekommen werden (vgl. Johannes 4,14).

Beim Hinausbringen des Mülls: Danken Sie Gott dafür, dass er bereit ist, Ihnen zu vergeben.

Für welche Art, mit Gott in Kontakt zu treten, Sie sich auch immer entscheiden, Sie werden dabei auf jeden Fall geistlich auftanken. In den kleinen Augenblicken Ihres Alltags – halten Sie an, werden Sie still und treten Sie mit ihm in Verbindung. Konzentrieren Sie Ihre Gedanken und Ihr Inneres ganz auf Gott. Wenn Sie täglich mit ihm in

Kontakt treten, dann bekommen Sie Zugang zu seiner Liebe und seinen Verheißungen. Auf diese Versprechen – und die Person, die sie gegeben hat – sollen Sie Ihren Glauben richten.

Treten Sie mit ihm in Kontakt ... und schauen Sie, was passiert.

Kapitel 6

Zu Großem geschaffen

Überlegen Sie doch einmal, was passieren könnte, wenn Sie mit Gott in Verbindung treten. Was wäre eine realistische Erwartungshaltung?

Ich würde mir die Auswirkungen dieses Kontaktes gern so vorstellen: Als Sie noch ein kleines Kind waren, haben Sie, wenn jemand Sie fragte, was Sie einmal werden wollten, wahrscheinlich großartige Antworten gegeben: Astronaut, Feuerwehrmann, Sportstar, Präsident ... Kinder sind Träumer. Sie werden kaum erleben, dass ein Kind sagt: „Wenn ich groß bin, will ich mal Landstreicher werden“, oder: „Ich möchte mal ganz durchschnittlich werden, wenn ich groß bin“, oder: „Ich möchte mal so werden wie mein Onkel Torsten, der den ganzen Tag Bier trinkt, sich gar nicht erst anzieht und dann bis zum Umfallen vor dem Fernseher sitzt.“

Können Sie sich erinnern, wovon Sie mal geträumt haben? Können Sie sich erinnern, wann Sie beschlossen haben, in einer ganz bestimmten Sache ganz toll zu werden? Ich zum Beispiel wollte mal ein berühmter Zauberkünstler werden. Ich wollte lernen, wie man Kaninchen aus dem Hut zieht und einen Seidenschal einfach in der Luft verschwinden lässt. Ich wollte die Kunstfertigkeit entwickeln, einfach so aus dem Nichts Vögel auftauchen zu lassen oder Menschen mit einer Säge in der Mitte zu zerteilen (besonders das Mädchen von nebenan, das in der zweiten Klasse versucht hatte, mich zu küssen).

Mit dem Älterwerden hat mein Wunsch, Großartiges zu *tun*, abgenommen. Inzwischen geht es mir eher darum, großartig zu *sein*. Ich möchte einen guten Charakter haben und wünsche mir, dass mein Handeln fest in diesem Grund verankert ist.

Heute möchte ich ein großartiger Freund sein, ein guter Vater, ein Mensch, der das Leben lieben kann. Ich möchte großartig sein, wenn es darum geht, mit anderen mitzufühlen. Ich möchte gut darin sein, wenn es um Freundlichkeit geht. Ich möchte jemand sein, der Gott von ganzem Herzen liebt und in der Gemeinde – aber vor allem auch außerhalb der Kirchenmauern – für ihn lebt. Ich möchte nicht durch Mittelmäßigkeit auffallen. Ich möchte nicht, dass meine Kinder über ihren Vater sagen: „Na ja ... im Großen und Ganzen war er eigentlich ganz okay." Oder dass Cathy sagt: „Als Ehepartner ... hat er schon sehr viel Raum für sich beansprucht." Oder dass meine Freunde denken: „Na ja, eigentlich war Doug ja eher ein guter Bekannter als ein Freund."

Oder dass Gott sagt: „Ich habe ihn eigentlich gar nicht gekannt."

Niemand von uns wacht morgens auf und wünscht sich Unsicherheit oder Chaos herbei. Jeder möchte doch ein tolles Leben – ein gut gelebtes Leben. Der Grund, weshalb wir all diese unangenehmen Dinge nicht wollen, ist der, dass Gott jeden von uns als Unikat geschaffen – von Meisterhand gestaltet – und zu Großartigem bestimmt hat. Hinter Ihrem Wunsch nach Größe und Bedeutung steht, dass Sie mehr wollen für Ihr Leben. Etwas Besseres, etwas Sinnvolleres und Reicheres.

Wenn Sie das Wort *großartig* hören, dann denken Sie jetzt vielleicht an Ihren Traumjob, viel Geld, Urlaub in Florida und eine Eismaschine in Reichweite zur Badewanne. Okay, aber ich würde Ihnen einfach gern Tipps geben, wie Sie ein großartiges Leben *entwickeln* können – und zwar eins, das an Ihrem Charakter gemessen wird und nicht an Status, Besitztümern und Sparkonten. Was wollen Sie wirklich? Fangen Sie an, die Masse der Möglichkeiten einzuschränken, indem Sie zunächst einmal benennen, was Sie *nicht* möchten.

[•] Sie möchten nicht, dass Ihre Freundschaften durchschnittlich sind.
[•] Sie möchten nicht, dass Ihre Ehe zu einer reinen Gewohnheitssache wird.
[•] Sie möchten nicht, dass Ihre berufliche Tätigkeit ziel- und leidenschaftslos ist.
[•] Sie möchten nicht von schlechten Angewohnheiten und Süchten bestimmt werden.

[•] Sie möchten nicht, dass Ihre Kinder Sie eigentlich gar nicht kennen.

[•] Sie möchten nicht durch materielle Dinge Ihre emotionale und geistliche Leere ausfüllen.

[•] Sie möchten nicht von Konflikten aufgerieben werden.

[•] Sie möchten nicht Ihre gesamte Freizeit vor dem Fernseher oder dem Computer verbringen.

[•] Sie möchten niemand sein, der nach seinem Tod schnell vergessen ist.

Das großartige Leben, das Sie möchten, umfasst etwas sehr viel Bedeutsameres als die Fähigkeit, eine Taube aus dem Zylinder zu zaubern (obwohl das fantastisch ist ... genau wie die Eismaschine an der Badewanne). Ein großartiges Leben zu führen, beinhaltet mehr als ein großes Haus, ein neues Auto oder eine Beförderung. Und Sie wissen, dass es einen besseren Weg zu wahrer Bedeutung gibt als eine Fernsehshow oder eine Flasche Schnaps.

Zum Glück stellt Jesus unserem „ich möchte" ein „so wird's gemacht" zur Seite. Sie und ich möchten, dass unser Leben von wahrer Größe gekennzeichnet ist, und Jesus hat uns einen Plan gezeichnet, wie wir dorthin kommen. Aber ich muss Sie warnen, das „So wird's gemacht"-Prinzip, das Jesus beschreibt, ist kein bequemer Weg!

[Die Anatomie eines gut gelebten Lebens]

Um Ihnen eine Vorstellung davon zu vermitteln, wie der Weg, der zu wahrer Größe führt, nach Gottes Vorstellungen aussieht, möchte ich Ihnen von ein paar Leuten erzählen, die ein so bedeutsames Leben geführt haben, dass wir noch zweitausend Jahre nach ihrem Tod über sie reden. Die Menschen, die ich meine, sind die ersten Anhänger Jesu. Von ihnen können wir eine Menge über ein gut gelebtes Leben lernen.

Ich habe am Anfang gesagt, dass man sich selbst nicht mit Superchristen zu vergleichen braucht, um erfolgreich mit Gott in Kontakt zu treten. Das Seltsame an den ersten Jüngern Jesu ist, dass keiner von ihnen in die Kategorie der Superchristen gehörte. Mich hat es immer beruhigt, dass die Typen, die Jesus am allernächsten waren, offenbar ganz normale Menschen waren – manchmal sogar richtige Spinner. Sie waren einfache Fischer, Gewerbetreibende, hatten einen unspektakulären Beruf und lebten in unspektakulären Verhältnissen. Trotzdem gehörten sie in den Plan Gottes, in seinen Plan, der das gesamte Universum verändern sollte.

Inwiefern hat Ihr Leben Bedeutung, so wie das Leben dieser Leute damals eine Bedeutung hatte?

[Sie folgten ihm nach]

Die ersten Jünger folgten Jesus nach. Das klingt so simpel – Jesus nachzufolgen. Aber es ist nicht simpel, sondern es ist die Grundlage für ein bedeutendes Leben.

Auf den ersten Blick denken Sie vielleicht, dass es für die ersten Jünger ja nicht so schwer gewesen sein kann, Jesus nachzufolgen – sie brauchten ja nicht mehr zu tun, als ihre Fischernetze hinzuschmeißen. Wie schwer kann das schon gewesen sein? Sie brauchten doch nicht mehr zu tun, als sich von dem zu verabschieden, was tagein, tagaus Bestandteil ihres Lebens war: nach Fisch zu stinken und sich Angelhaken in die Finger zu stechen.

Jesus lud diese Männer zu einem Leben ein, das von Opferbereitschaft gekennzeichnet war. Und auch heute noch erfordert es Opfer, wenn man Jesus wirklich nachfolgen will.

Die Jünger mussten ihre Netze niederlegen, ihren Beruf aufgeben, um ihm nachzufolgen.

Was müssen Sie niederlegen, um Jesus nachzufolgen?

[Sie lernten unterwegs]

Keiner der Jünger konnte am Anfang, als sie begannen, Jesus nachzufolgen, viel Wissen vorweisen. Sie hatten viele Fragen. Sie machten häufig Fehler oder verstanden nicht, was Jesus ihnen zu vermitteln versuchte. Doch dadurch ließen sie sich nicht ausbremsen.

Ich stelle mir folgendes Szenario vor: Um Jesus herum hat sich eine Menschenmenge versammelt, und eine Frau kommt nicht nah genug an ihn heran, um ihm eine Frage stellen zu können. Also fragt sie einen seiner Anhänger. Nehmen wir einfach an, es war Petrus. Sie sagt: „Äh, entschuldige bitte, aber hat er wirklich gesagt, dass wir unsere Feinde lieben sollen?"

Ein weiterer Typ kommt dazu und fragt: „Also, diese Sache mit dem Hinhalten der anderen Backe da, die meint er aber nicht ernst, oder?"

Die ersten Jünger lernten die Spielregeln der Nachfolge Jesu, indem sie es einfach taten. Je länger sie mit Jesus unterwegs waren, desto mehr erfuhren sie über ihn und sein Wesen, und desto mehr waren sie in der Lage, sich auf ihn einzulassen und seine revolutionäre Lehre auch anderen weiterzusagen.

Was tun Sie, um mehr über Jesus zu erfahren?

[Sie erlebten spannende Zeiten]

Es können viele unerwartete Dinge geschehen, wenn man Jesus nachfolgt. Und genau das ist den ersten Jüngern mit Sicherheit auch passiert. Können Sie sich die Aufregung vorstellen, die die Jünger mit Jesus erlebten? „Äh, tut mir wirklich leid, aber Jesus hat jetzt gerade keine Zeit für dich. Er ist gerade dabei, Lazarus vom Tod aufzuwecken. Danach hat er vor, ein paar Dämonen in Schweine zu treiben. Und dann wird er mit ein paar Essensresten eine riesige Menschenmenge satt machen." Wow! Also mit Jesus scheint es wirklich keinen Augenblick Langeweile zu geben.

Das ist heute noch ganz genauso. Manchmal kommen die spannenden Zeiten, wenn wir in Situationen geworfen werden, die wir uns niemals hätten träumen lassen. Vielleicht passiert es, wenn wir anfangen, anderen zu dienen. Oder wenn wir uns darauf einlassen, Mitgefühl mit Menschen zu zeigen, die leiden. Ein Leben, das verbindlich darauf ausgerichtet ist, Jesus nachzufolgen, kann unglaublich spannend sein.

An welchen Stellen ist Ihr Leben spannend, weil Sie Jesus nachfolgen?

[Sie erlebten schwierige Zeiten]

Das Leben ist für niemanden immer nur einfach. Wenn Sie einer der ersten Jünger Jesu gewesen wären, hätten Sie Stürme und wütende Menschenmengen erlebt und Regierungen, die Sie lieber tot als lebendig gesehen hätten. Jesus nachzufolgen, das war der Weg zu einem großartigen Leben, aber es war noch nie ein leichter oder schmerzfreier Weg.

Dasselbe gilt auch für uns heute. Wenn Sie ein Jünger Jesu sind, dann stoßen Sie auf eine Welt voller Versuchungen, wie es sie in vergangenen Zeiten nicht gegeben hat, kämpfen vielleicht innerlich gegen Materialismus und Habgier oder müssen auf der Arbeit oder in Ihrem Umfeld unbeliebte Entscheidungen treffen. Vielleicht besteht die Schwierigkeit darin, jemanden zu lieben, der schwierig zu lieben ist. Oder Sie erleben so heftigen geistlichen Gegenwind wie nie zuvor. Bevor Sie Jesus nachgefolgt sind, war es viel einfacher; an den Wochenenden stand einfach „Abhängen" und allenfalls vielleicht noch Fußballgucken auf dem Plan. Aber jetzt ist da eine Berufung, Jesus nachzufolgen und ihm zu dienen – und zwar nicht nur an den Wochenenden, sondern jeden Tag.

Gott benutzt all diese Schwierigkeiten, um uns seinem Sohn immer ähnlicher zu machen. Welche Schwierigkeiten in Ihrem Leben könnte Gott einsetzen, um Sie zu verändern?

[Sie gehorchten seinen Anweisungen]

Die ersten Jünger wurden dazu berufen, Beteiligte zu sein – und nicht nur Zuschauer. Jesus wusste, dass zu einem gut gelebten Leben das Dienen gehört und die Lebenserfüllung nicht darin besteht, einfach nur herumzusitzen und Wiederholungen alter Talkshows anzuschauen. Erfüllt leben heißt, anderen zu helfen. Jesus sagte:

> *Geht hin zu den verlorenen Schafen ... Geht ... und sprecht:*
> *Das Himmelreich ist nahe herbeigekommen.*
> *Macht Kranke gesund, weckt Tote auf,*
> *macht Aussätzige rein, treibt böse Geister aus.*
> *Umsonst habt ihr's empfangen, umsonst gebt es auch.*
>
> Matthäus 10,6–8 (LÜ)

Und dazu sind auch wir berufen. Jesus fordert uns auf, ihm nachzufolgen und anderen zu dienen. „Gehorsam" und „Dienen" sind ja heutzutage Begriffe, die bei vielen nicht besonders gut ankommen. Warum das so ist? Weil Gehorsam und Bequemlichkeit nicht unter einen Hut zu kriegen sind. Aber Jesus hat uns verheißen, dass Gehorsam der Weg zu einem erfüllten Leben ist. Ja, er hat sogar gesagt, dass unsere Liebe zu ihm an unserem Gehorsam zu erkennen ist.

Wo opfern Sie persönlich Ihre Bequemlichkeit, um Jesus gehorsam zu sein?

[Sie wurden belohnt]

Der Ruf, Jesus nachzufolgen, kann einen manchmal ganz schön überfordern. Und wir Pastoren bekommen es ja auch immer wieder ganz toll hin, die einfachen Worte Jesu („Folge mir nach") zu einer komplexen und komplizierten Materie zu machen ... Jesus hat zu seinen Jüngern gesagt:

> *Und wer einem dieser Geringen auch nur einen Becher kalten Wassers zu trinken gibt, weil es ein Jünger ist, wahrlich, ich sage euch: Es wird ihm nicht unbelohnt bleiben.*
>
> Matthäus 10,42 (LÜ)

Das klingt doch gar nicht so schwer, oder? Geben Sie einfach jemandem, der durstig ist, einen Becher Wasser – tun Sie dem einen kleinen Dienst, der es gerade braucht, tun Sie, wozu auch immer Sie gerade aufgefordert werden.

Der Vers enthält auch eine Verheißung: Wenn wir Jesus nachfolgen und ihm gehorsam sind, dann führen wir ein Leben, das mit Abenteuern, Herausforderungen und Überraschungen gepflastert ist. Und uns ist ein Lohn versprochen. Gottes Lohn wird uns vielleicht schon hier auf der Erde zuteil, oder aber, wenn wir einmal im Himmel sind.

Woran erkennen Sie, dass Gott Ihren Gehorsam belohnt?

Sie und ich – wir hatten zwar nicht die Chance, Jesus leibhaftig zu begegnen und mit ihm zusammen auf dieser

Erde zu leben, aber wir können trotzdem erleben, was schon seine ersten Jünger erlebt haben. Wir werden seine Kraft erfahren, wenn wir mit Jesus unterwegs sind und wenn wir uns noch entschlossener dafür einsetzen, mit ihm in Kontakt zu bleiben. Die ersten Jünger waren beständig und hautnah im Kontakt mit Jesus. Ein paar Jahre lang waren sie sogar Tag und Nacht mit ihm zusammen. Sie aßen zusammen, gingen zusammen von Ort zu Ort und führten intensive Gespräche miteinander. Wenn wir an der Fülle, die Gott für uns vorgesehen hat, wirklich teilhaben wollen, dann ist es unumgänglich, ein paar Grundsatzentscheidungen zu treffen.

Wo man hier, heute und sofort anfangen kann

Es ist eine Entscheidung, Jesus nachzufolgen. Es ist eine Entscheidung, über Schuldgefühle hinwegzuspringen. Es ist eine Entscheidung, aufzuhören, sich mit anderen zu vergleichen. Es ist eine Entscheidung, einen nicht abgespaltenen, ganzheitlichen Glauben zu leben. Sie können sich entscheiden, aufzutanken und ...

[•] anzuhalten
[•] still zu werden
[•] mit Gott in Kontakt zu treten.

Die Einladung an Sie lautet: Sie können sich heute entscheiden, mit Gott in Kontakt zu treten und Ihre Seele neu aufzutanken. Das ist ein Schritt, den nur Sie selbst gehen können, den ihnen niemand abnehmen kann.

Nur damit Sie ganz sicher sind, was passiert, wenn Sie diese Entscheidung treffen, lassen Sie mich noch einmal wiederholen, *was* Sie tun, wenn Sie Ihre Seele auftanken. Wirklich aufzutanken, heißt:

[1. Sie füllen sich selbst mit Gott]

Gott ist die ultimative Kraftquelle. Wenn Sie sich selbst an die Quelle aller Macht und Kraft anschließen, dann ist Ihr geistlicher Tank gefüllt, und Sie haben alles, was Sie für den Tag brauchen. Kein Kirchgang wird Sie mit allem versorgen, was Sie brauchen. Lernen Sie deshalb, „selbstständig“ und jenseits der Kirchenmauern mit Gott in Kontakt zu treten, sich an ihn anzukoppeln, damit Ihr geistlicher Tank gefüllt bleibt.

Es ist eigentlich ganz einfach: Nahezu alles funktioniert, wenn es an eine Energiequelle angeschlossen ist. Autos laufen am besten, wenn der Tank voll ist. Ein Toaster funktioniert nur, wenn der Stecker eingesteckt ist. Es ist völlig egal, wie toll er aussieht, wie teuer er war und ob er in einer Kirchenküche steht. Wenn er nicht an eine Stromquelle angeschlossen ist, dann bekommt er keine Energie. Und Sie bekommen keinen Toast.

Jesus hat diese „Ankoppelungstheorie“ sehr klar veranschaulicht, als er sagte: „Ich bin der Weinstock, ihr seid die Reben. Wer in mir bleibt und ich in ihm, der bringt viel Frucht; denn ohne mich könnt ihr nichts tun“ (Johannes 15,5; LÜ). Das Ziel besteht darin, mit dem *Einen* in Verbindung zu bleiben, der Leben schafft und Leben schenkt.

[2. Sie leben ein Leben, das zu Großem bestimmt ist]

Wenn Sie kontinuierlich Ihre Seele auftanken, dann hat das einen Zweck. Ihr Leben ist dazu geschaffen, Gott zu verherrlichen, ihn großzumachen. Und wenn Sie Gott verherrlichen, dann leben Sie ein faszinierendes Leben, egal, was in Ihnen und um Sie herum geschieht.

Gott setzt unser Tun immer in Beziehung zu unserem Glauben. Wenn Sie anhalten, still werden und mit Gott in Verbindung treten, übernehmen Sie im Auftankprozess automatisch Ihren Part. Sie tun aktiv etwas ... und dann erfahren Sie seine Kraft. Erwartungsvolles Handeln ist Glaube. Sie tun aktiv etwas (anhalten, still werden, mit ihm in Verbindung treten) und Sie erwarten (vertrauen darauf), dass Gott handelt. Und Gott wird Wort halten. Gott wird Ihr Leben verändern. Gott wird Sie lieben und für Sie sorgen und Sie zu dem Leben anleiten, das für Sie bestimmt ist. Glaube ist die Zuversicht, dass das, was wir hoffen, auch wirklich passiert. So ist es in Hebräer 11,1 wunderbar auf den Punkt gebracht.

Ist Ihnen hier die Reihenfolge bewusst geworden? Gottes Einladung, ein faszinierendes Leben zu führen, gilt uneingeschränkt. Seine Verheißungen gelten allen Menschen, überall auf der Welt. Wenn wir also seinen Verheißungen glauben, handeln wir ... und dann reagiert Gott auf unseren Glauben.

Sind Sie so wie ich und fänden es eigentlich besser, wenn die Macht Gottes deutlich erkennbar wäre, bevor Sie glauben müssen? Dann kann ich Sie sehr gut verstehen! Ich möchte seine Macht erleben, *bevor* ich das Richtige tue. Ich möchte die Kraft Gottes spüren, *bevor* ich eine Krise bewältige. Ich möchte die Versicherung, *bevor* ich etwas Riskantes für Gott wage.

Aber die Bibel sagt ganz klar, dass Gott uns erst seine Kraft zur Verfügung stellt, wenn wir uns auf den Weg machen und im Glauben erste Schritte wagen. So wie Petrus, der auf dem Wasser Jesus entgegenging (vgl. Matthäus 14,22–33). Jesus hatte ihn zuvor aufgefordert, das Boot zu verlassen und zu ihm zu kommen. „Nur Mut!", sagte Jesus zu ihm „Hab keine Angst!"

Also wagte es Petrus und stieg aus dem Boot. Zuerst musste er aktiv werden und dann sprang die Kraft Jesu für ihn ein. Sicher, nach ein paar Schritten ist er beinahe abgegluckert, aber vergessen Sie nicht, dass er der Einzige war, der überhaupt bereit war, aus dem Boot zu steigen.

Petrus folgte dem, was er wusste. Er glaubte Jesus und tat deshalb im Glauben diesen Schritt. Derselbe Gott, der durch die Zeiten hindurch immer wieder Leute wie Petrus bevollmächtigt hat, kann auch heute seine Kraft in Ihr Leben hineingeben.

Wie könnte das konkret aussehen? Hier ein paar Szenarien:

Wenn Sie Jesus kennenlernen möchten und wirklich und ehrlich auf der Suche nach Gott sind, dann treten Sie vor. Fangen Sie an, auf Jesus zuzugehen, in seine Richtung zu laufen. Gehen Sie zum Gottesdienst. Lesen Sie in der Bibel. Stellen Sie Fragen. Fangen Sie an, mit Gott zu reden. Schließen Sie sich einer Kleingruppe an, um gemeinsam mit anderen Ihren geistlichen Weg zu gehen. Wagen Sie erste glaubensvolle Schritte, und dann achten Sie einmal darauf, was Gott unterwegs so alles *tut*.

Wenn Sie Jesus bereits nachfolgen: Vielleicht gibt es in Ihrem Leben ja etwas, von dem Sie ganz genau wissen, dass Sie es jetzt anpacken sollten – sich mit jemandem versöhnen, einem anderen, der Sie verletzt hat, vergeben oder jemandem von Gott erzählen. Was es auch immer ist, *tun* Sie diesen Schritt im Glauben. Nicht, weil es einfach ist, sondern weil Sie Jesus gehorsam sind und darauf vertrauen, dass sich Gottes Macht zeigen wird.

Dieser Schritt ist schwer, nicht wahr? Ist er von grundlegender Bedeutung für Ihr Leben? Auf jeden Fall! Wenn Sie tatsächlich Schritte „über das Wasser“ wagen, dann können Sie darauf vertrauen und fest damit rechnen, dass Gott Ihnen genau zum richtigen Zeitpunkt genau so viel Kraft gibt, wie Sie brauchen.

Ihr geistlicher Tank muss nicht wieder leer werden. Ihre Seele sehnt sich nach der Fülle des Lebens, die Gott verspricht. Wenn Sie regelmäßig mit Gott in Kontakt treten, dann haben Sie nicht nur Zugang zu der Kraft und Führung, die Sie für jeden Tag brauchen, sondern Sie investieren auch in die Ewigkeit – den Ort, an dem Ihr eigentliches Zuhause ist. Wenn Sie sich die Zeit nehmen, Ihre Seele aufzutanken, dann tun Sie damit also etwas für die Ewigkeit.

Wir haben so viele Vorbilder, an denen wir erkennen können, dass das Leben reicher und tiefer ist, wenn es geistlich erfüllt ist. Wenn Ihr Tank fast leer ist, dann sollen Sie wissen, dass es Hoffnung gibt.

Halten Sie an.
Werden Sie still.
Treten Sie mit Gott in Kontakt.

Das ist alles. Der Plan ist durchführbar, er ist effektiv und er funktioniert. Gott verspricht, den Leuten, die zu ihm gehören, zu zeigen, wie man wirklich leben kann. Wenn wir regelmäßig Verbindung zu Gott aufnehmen, dann wird unsere Seele neu gefüllt. Die Leere schwindet. Wir haben neue Kraft und geistliche Energie für jeden Tag.

Willkommen in Ihrem neuen, aufgetankten Leben!

[Diskussionsfragen]

Es gibt drei Möglichkeiten, dieses Buch zu benutzen (vier, wenn Sie beabsichtigen, es als Türstopper zu verwenden ... aber das empfehle ich Ihnen nicht zu tun).

Sie können
- [•] es allein lesen und anschließend die Fragen für sich durchgehen,
- [•] es lesen und dann mit einem Freund oder Ihrem Partner darüber diskutieren,
- [•] ein Kapitel pro Woche in einer Kleingruppe lesen und dazu ein paar Fragen herauspicken, die Sie gemeinsam diskutieren möchten.

[Fragen zu Kapitel 1: Ich bin ein geistlicher Loser]

- [•] Auf welche Weise haben Sie schon erlebt, dass Ihr geistlicher Tank leer ist?
- [•] Auf Seite 10 habe ich ein paar Verhaltensweisen aufge-

listet, die bei mir zutage treten, wenn mein geistlicher Tank leer geworden ist. Welche Dinge stehen auf Ihrer Liste?

[•] Inwiefern haben oder hatten Sie schon Probleme mit Ihrer „stillen Zeit"?

[•] Haben Sie Ihr Glaubensleben schon einmal mit dem einer anderen Person verglichen? Mit wem und warum? Würden Sie zugeben, dass Sie einem unrealistischen Vorbild folgen?

[Fragen zu Kapitel 2: Die schwere Last ablegen]

[•] Wie können Sie erkennen, was echte Schuldgefühle sind – die von Gott kommen – und was falsche Schuldgefühle, die Sie sich selbst einreden?

[•] Welche schwere Last tragen Sie zurzeit mit sich herum? Warum glauben Sie, diese Last tragen zu müssen?

[•] Wie verhalten Sie sich, wenn Ihr Glaube „abgespalten" ist? (vgl. hierzu S. 27–32: „Ein abgespaltener Glaube")

[•] Viele Leute glauben, mit Gott zu leben, bedeutet, es in den wichtigen Bereichen des Lebens nicht zu vermasseln. Wie können Sie entscheiden, was „wichtig" und was „nicht so wichtig" ist? Warum ist Gehorsam in den scheinbar unbedeutenden Dingen oft schwierig?

[•] Welche Dinge scheinen immer wieder auf Ihrer persönlichen To-do-Liste aufzutauchen? Welche Sachen würden Sie am liebsten sofort streichen? Warum?

[•] Was, glauben Sie, hat Paulus gemeint, als er den Korinthern schrieb: „Solange ich in diesem Körper lebe, bin ich vom Herrn getrennt“ (2. Korinther 5,6; GN)? Was sagt dieser Vers über Paulus’ Einstellung aus? Und was über die Notwendigkeit, regelmäßig in Kontakt mit Gott zu treten?

[Fragen zu Kapitel 3: Anhalten]

[•] Was sind bei Ihnen Anzeichen dafür, dass Sie abgearbeitet, erschöpft und ausgelaugt sind? Wie erkennen Sie das bei anderen?

[•] Wenn wir unsere ganze Zeit mit Aktivitäten vollstopfen, dann ist die Zeit „aufgebraucht“ und wir können sie nicht mehr zurückholen. Mit welchen Aktivitäten und Aufgaben ist Ihr Leben zurzeit gefüllt? Womit würden Sie die Zeit am liebsten füllen?

[•] Wie viele Freiräume gibt es derzeit in Ihrem Leben? Was können Sie tun, um sich mehr davon zu schaffen?

[•] In diesem Kapitel bin ich auf vier Lügen eingegangen, die in unserem Leben Wurzeln schlagen können:
Lüge Nr. 1: Es ist nicht genug Zeit vorhanden, um alles zu schaffen.
Lüge Nr. 2: Ich habe gerade eine stressige Phase.
Lüge Nr. 3: Aber das hier ist wirklich, wirklich wichtig.
Lüge Nr. 4: Erfolg und Ständig-beschäftigt-Sein sind Synonyme.

Mit welcher dieser Lügen haben Sie am meisten zu kämpfen? Was würde Ihnen helfen, dieser Lüge nicht weiterhin auf den Leim zu gehen?

[•] Kennen Sie jemanden in Ihrem Umkreis, der Geschäftigkeit als Zeichen für Anerkennung und Wichtigkeit betrachtet? Was hat diese Einstellung für Auswirkungen auf sein Leben? Wie ist das bei Ihnen – übt das ständige Beschäftigtsein auch auf Sie eine gewisse Faszination aus?

[•] Denken Sie einmal darüber nach, wann Sie das letzte Mal Nein gesagt haben: zu einem Kollegen, einem Freund, einem Familienmitglied. War es einfach oder eher schwierig?

[•] Auf den Seiten 55–60 („Ein Plan zum Anhalten und Aufhören") habe ich verschiedene Möglichkeiten aufgelistet, wie man einen kurzen Stopp im Alltag einlegen kann. Nehmen Sie sich einen Moment Zeit, um darüber nachzudenken, welche Stopps in Ihrem Alltag praktikabel sind, und schreiben bzw. ergänzen Sie Ihre ganz persönliche Ideenliste.

[Fragen zu Kapitel 4: Still sein]

[•] Von welchen Lärmquellen sind Sie oftmals umgeben?

[•] Welche Erfahrungen mit Stille haben Sie schon gemacht? War es eine eher positive oder eher negative Erfahrung?

[•] Fällt es Ihnen schwer, zur Ruhe zu kommen? Wohin wandern Ihre Gedanken, wenn Sie still werden wollen? Zu Ihrer Arbeitsstelle? Zu Ihrer Familie? Zu Ihren Zukunftssorgen?

[•] Auf den Seiten 66–69 habe ich drei Feinde der Stille benannt:
Den Lärm der Sorge.
Den Lärm des Wünschens und Wollens.
Den Lärm des Aufschiebens.
Welcher dieser Stille-Feinde beherrscht Ihr Leben am meisten? Warum finden Sie es oft so schwierig, diese Lärmquelle einfach auszuschalten?

[•] Können Sie sagen, dass Sie schon einmal Gottes Stimme gehört haben? Was hat Gott zu Ihnen gesagt?

[•] Was könnte ein erster Mini-Schritt zu einem stilleren, lärmfreieren Leben sein?

[Fragen zu Kapitel 5: Stellen Sie eine Verbindung her]

[•] Welche „Kanäle" gebrauchen Sie, um mit Verwandten und Freunden in Verbindung zu bleiben? Könnte eine dieser Möglichkeiten auch Verwendung finden, um mit Gott Kontakt aufzunehmen?

[•] Glauben Sie wirklich von ganzem Herzen, dass Gott Kontakt mit Ihnen haben will? Wie kann diese Überzeugung, dass er es tatsächlich will, Ihre Kontaktaufnahme, Ihre Begegnung mit ihm verändern?

[•] Wenn Sie sich wirklich danach sehnen, mit Gott in Verbindung zu treten, warum ist dieser Schritt dann oft so schwierig?
[•] Was ist hinsichtlich Ihrer Beziehung zu Gott – Ihrer Meinung nach – der Unterschied zwischen Pflicht und Gehorsam?
[•] Gibt es einen konkreten Schritt, den Sie heute gehen können, um mit Gott – vielleicht auf ganz neue Weise – Kontakt aufzunehmen?

[Fragen zu Kapitel 6: Zu Großem geschaffen]

[•] Wie fühlen Sie sich angesichts der Tatsache, dass keiner von den ersten Jüngern Jesu ein „Superchrist" war?
[•] Wo haben Sie schon erlebt, dass Ihr Leben abenteuerlich war – einfach nur deshalb, weil Sie Jesus nachfolgen?
[•] Welche momentane Schwierigkeit oder welches Problem könnte Gott gebrauchen, um Sie zu verändern?
[•] In welchem Lebensbereich ist ein „Akt des Gehorsams", ein vertrauensvoller Schritt im Glauben für Sie derzeit besonders schwer?

[•] *Halten Sie an.*
Werden Sie still.
Treten Sie mit Gott in Kontakt.
Welcher dieser drei Schritte ist für Sie momentan am

„ausbaubedürftigsten“, um eine erfüllte Beziehung zu Gott zu haben und mit einer aufgetankten Seele Ihr Leben zu meistern? Was können Sie konkret in dieser Woche dafür tun?